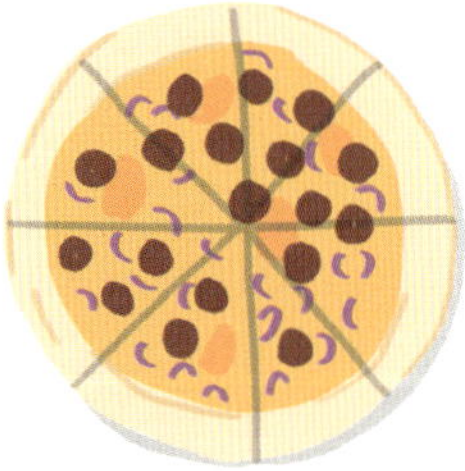

Maths for Curious Kids
Copyright © Arcturus Holdings Limited
Korean translation copyright © 2022 by Nikebooks
This Korean edition published by arrangement with Arcturus Holdings Limited
through YuRiJang Literary Agency.

이 책의 한국어판 저작권은 유리장 에이전시를 통해 저작권자와 독점 계약한
니케북스에 있습니다. 저작권법에 의하여 한국 내에서 보호를 받는 저작물이므로
무단전재 및 복제를 금합니다.

수학

열두 살 궁그미를 위한
과학 시리즈

린 허긴스 쿠퍼 글 · 알렉스 포스터 그림
이창희 옮김

차례

경이로운 수학 6

1장 수(숫자) 8
숫자 영 10
숫자 일, 단위수 12
짝수 14
홀수 16
소수 18
인수 20
분수와 소수 22
무한대 24
음수 26

2장 놀라운 수 29
피보나치수열 30
황금비 32
프랙털 34
동물과 숫자 감각 36
큰 수 38
엄청나게 큰 수 40
데이터 42
데이터 처리와 통계 44
곱과 인수 46

3장 도형 49
다각형과 다면체 50
곡선이 있는 도형 52
원주(원둘레) 등 54
파이(원주율) 56
사각형(사변형)과 직육면체 58
삼각형 60
각도 62
대칭 64
테셀레이션 66

4장 측정 ... 69
비표준 측정 ... 70
표준 측정 ... 72
길이와 거리의 측정 ... 74
무게의 측정 ... 76
면적 ... 78
부피와 용량 ... 80
시간 ... 82
달력 ... 84
시간표 구성 ... 86

5장 수학과 과학 ... 89
의학에서의 수학 ... 90
수학과 전염병 ... 92
수술을 위한 수학 ... 94
일기 예보의 수학 ... 96
기후 변화의 수학 ... 98
지진의 수학 ... 100
컴퓨터 ... 102
비행의 수학 ... 104
웜홀의 수학 ... 106

6장 수학의 스타들 ... 109
피타고라스 ... 110
히파티아 ... 111
알-콰리즈미 ... 112
오마르 하이얌 ... 113
지롤라모 카르다노 ... 114
아이작 뉴턴 ... 115
레온하르트 오일러 ... 116
카를 가우스 ... 117
게오르크 칸토어 ... 118
알베르트 아인슈타인 ... 119
메리 카트라이트 ... 120
앨런 튜링 ... 121
마조리 리 브라운 ... 122
캐서린 존슨 ... 123
존 호턴 콘웨이 ... 124
펀 이벳 헌트 ... 125
마리암 미르자하니 ... 126
테렌스 타오 ... 127

용어 풀이 ... 128
찾아보기 ... 131

경이로운 수학

시계를 보고, 요리를 하고, 잔돈을 계산하고, 어떤 것을 측정하고, 시간표를 읽을 때도 우리는 늘 수학을 사용하고 있어요! 더 나아가 수학은 테마파크를 짓는 데도 사용되고, 의학과 스포츠, 사업, 우주여행에서도 사용돼요. 수학은 어디에나 있답니다.

우리는 수학을 사용해서 돈을 계산할 수 있어요. 물건을 살 때 얼마를 내고, 얼마를 거슬러 받아야 하는지 계산하지요. 또 돈을 모아서 어떤 물건을 사려고 할 때 얼마나 더 모아야 하는지도 알 수 있게 해 주지요.

음식을 만드는 방법에 나온 대로 음식 재료를 딱 맞게 계량할 때도 수학을 이용하지요.

 ## 수학이란 무엇인가요?

수학은 도형, 수량, 유형(패턴) 및 배열(정렬) 등을 다루는 학문이에요. 수학은 우리가 사는 세상을 이해하는 데 도움을 주고, 여러 가지 문제를 해결하는 방법을 찾을 수 있게 해 주지요.

수학에는 다음과 같은 다양한 분야가 있어요

 산술

산술은 숫자에 관한 분야예요. 우리가 덧셈, 뺄셈, 나눗셈, 곱셈 등을 할 수 있도록 도와줘요.

 대수학

대수학을 사용하면 숫자와 미지수(주로 알파벳 같은 문자로 표현)를 활용하여 하나의 공식을 만들어 낼 수 있어요. 이것으로 다양한 문제를 풀 수 있지요.

 **기하학**

기하학은 다양한 도형(형태)과 그 성질(면, 꼭짓점, 모서리 등)을 연구하는 분야예요.

삼각법

삼각법은 다양한 삼각형의 변과 각도의 관계를 연구하는 분야예요.

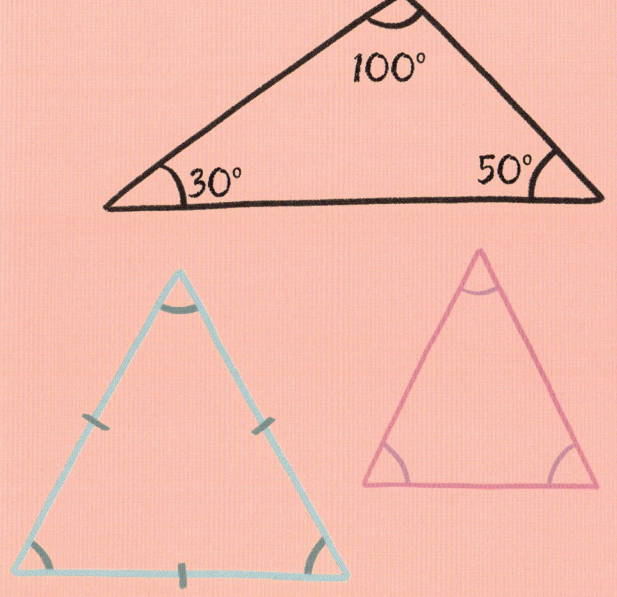

1장

수(숫자)

사람들은 아마도 오래전부터 물건의 개수를 세어 왔을 거예요.
'숫자'가 만들어지기 전에도 말이에요.

탤리스틱(눈금 막대)

고고학자들은 선사 시대에도 사람들이 수를 세고 있었다는 것을 암시하는 흔적을 발견했어요. 바로 동물 뼈나 돌에 새겨진 기호들로, 이를 탤리스틱(tally stick)이라고 부른답니다.

이 막대는 레봄보 뼈라고 해요. 남아프리카공화국과 에스와티니 국경 근처의 동굴에서 발견되었어요. 약 44,200년에서 43,000년 전의 것으로, 한쪽 가장자리를 따라 29개의 표식이 새겨져 있어요. 이것은 달의 공전 주기를 표시한 것으로 추정되고 있어요.

로마 숫자

로마 숫자는 로마 제국에서 사용하던 숫자예요. 문자를 이용해서 숫자의 값(크기)을 나타냈어요.

1	2	3	4	5	6	7	8	9
I	II	III	IV	V	VI	VII	VIII	IX

10	20	30	40	50	60	70	80	90
X	XX	XXX	XL	L	LX	LXX	LXXX	XC

100	200	300	400	500	600	700	800	900
C	CC	CCC	CD	D	DC	DCC	DCCC	CM

어떤 기호가 더 큰 값의 기호 뒤에 오면 그 숫자에 더해져요. 예를 들어, 23은 XXIII(20+3)으로 표시했어요.

반대로, 어떤 기호가 더 큰 값의 기호 앞에 오면 그 숫자에서 빼요. 예를 들어, 14는 XIV(10 + '5에서 1을 뺌')로 표시했어요.

전 세계에 걸쳐 사용된 로마 숫자

로마 숫자는 로마 제국 시대에 세계 여러 곳에서 사용되었어요. 로마 제국이 유럽 대부분을 지배했기 때문이에요. 로마의 정복군들은 어느 곳을 가든 그들의 숫자 체계를 그대로 가지고 갔답니다.

오늘날의 로마 숫자

오늘날에도 여전히 시계 등에서 로마 숫자가 사용되는 것을 볼 수 있어요. 영국 런던 웨스트민스터 궁전의 시계탑에 있는 대형 시계 빅벤에도 로마 숫자가 표기되어 있어요.

인도-아라비아 숫자

인도-아라비아 숫자는 오늘날 전 세계에서 사용되고 있어요. 이 숫자는 6~7세기경 인도에서 탄생하였어요. 그 뒤 수학자 알-콰리즈미(Al-Khwarizmi)와 같은 중동 학자들의 연구 활동을 통해 서쪽으로 퍼져 나갔어요.

 # 숫자 영

'영(0)'은 '양이 없음'을 뜻해요.

어떤 수에서 0을 빼면 아무 일도 일어나지 않아요. 즉, 그 수는 아무런 영향을 받지 않지요.

$$7 - 0 = 7$$

마찬가지로, 어떤 수에 0을 더해도 아무 일도 일어나지 않아요. 즉, 그 수는 변함이 없지요.

$$7 + 0 = 7$$

0은 십진법과 같은 자릿값 체계에서 자리 표시자로 사용되기도 해요.

0이 아닌 숫자 뒤에 '0'을 하나씩 추가하면, 그 값은 10배씩 증가해요.

1에 '0'을 추가하면 10

10에 '0'을 추가하면 100

100에 '0'을 추가하면 1,000

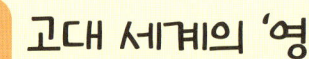 ### 고대 세계의 '영'

고대 이집트나 로마, 그리스에서는 0을 나타내는 기호가 없었어요. 하지만 고대 아메리카 사람들은 0을 나타내는 기호를 사용했어요. 기원전 400년경까지 오늘날의 멕시코 지역에서 번성했던 민족인 올멕 사람들은 0을 나타내는 기호를 써서 숫자의 자릿값을 표시했답니다.

마야와 잉카의 '영'

올멕의 뒤를 이은 마야 문명에서도 0을 나타내는 기호를 사용했어요.
그 기호는 거북이 등딱지처럼 생겼지요!

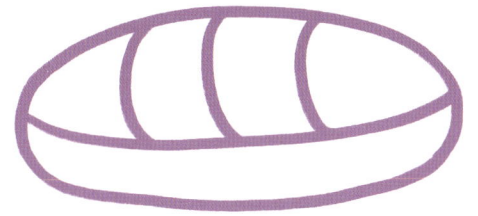

오늘날의 페루 지역에 살았던 잉카인들도 0의 개념을 가지고 있었어요.
그들은 계산을 할 때 '키푸'라고 부르는 매듭을 묶은 끈을 사용했는데, 그 매듭들이
서로 다른 '값'을 나타냈어요. 특정한 위치에 매듭이 없는 경우가 바로 0을 의미했지요.

 ## 중세 시대의 '영'

825년 페르시아 수학자 알-콰리즈미는 고대 그리스와
인도의 수학을 결합한 책을 출판했어요. 이 책에서 0의
사용을 설명하고 있지요. 그는 계산식에서 십의 자리에 아무
숫자도 나타나지 않으면 행을 유지하기 위하여 하나의 원을
사용해야 한다고 했어요. 바로 자리 표시자로 0을 사용한
것이지요. 이 원을 시프르(sifr)라고 불렀답니다.

 ## 유럽에서의 '영'

1202년, 이탈리아 수학자 피보나치(Fibonacci)의
연구를 통해 0의 개념이 (나머지 인도-아라비아 숫자 체계와
함께) 유럽에 전해졌어요. 그는 무어인 또는 스페인
무슬림과 함께 연구했어요. 그래서 오늘날에도
여전히 사용되는 이 숫자들을 '아라비아 숫자'라고
부른답니다. 피보나치 덕분에 유럽의 수학 연구에서도
0의 개념을 쓰게 되었지요.

숫자 일, 단위수

수학에서 단위수는 '일(1, 하나)'을 의미해요. 우리가 개수를 세는 기본 단위이며, 양(양수)의 수열에서 맨 처음에 나오는 정수이지요.

? 그냥 궁금해요

숫자 1은 다양한 이름을 가지고 있어요. '단위수'라고도 부르고, '단원'이라고도 부르고, '항등원' 이라고도 부르지요.

1 단순함!

어떤 수에 1을 곱해도 그 수는 변하지 않아요.

$3 \times 1 = 3$

$25 \times 1 = 25$

$168 \times 1 = 168$

$1,265 \times 1 = 1,265$

1 불변성

1 자신에 1을 몇 번씩 곱해도 그 값은 항상 1이에요.

$1 \times 1 = 1$

1을 두 번 곱하거나(제곱) 세 번 연속해서 곱해도(세제곱) 변함이 없지요.

$1^2 = 1$

$1^3 = 1$

결국, 단위수의 제곱은 단위수 그대로이고, 단위수의 세제곱도 그대로 단위수가 돼요.

1 양의 홀수

단위수인 1은 첫 번째 양의 홀수예요. 1은 양의 정수(정수는 양의 정수, 0, 음의 정수를 통틀어 말해요) 중에서 첫 번째이자 가장 작은 숫자예요. 단위수는 말 그대로 수를 세는 단위이지요.

숫자 1은 수학적인 마술을 보여 줄 수도 있어요. 어떤 숫자에 1을 더하면 홀수는 짝수로 변하고, 짝수는 홀수로 변하니까요!

1 1은 어디서 왔을까요?

오늘날 전 세계에서 사용되고 있는 현대적 숫자 표기인 1의 기원은 고대 인도까지 거슬러 올라가요. 당시 브라흐미 문자 체계에서는 1을 그냥 하나의 선으로 표기했어요.

1 1의 기원

인도-아라비아 숫자 1이 유럽에 전파되기 전까지는 단일 획(눈금)을 그어서 '하나(1개)'를 표시했어요.

8쪽에서 소개한 탤리스틱을 기억하지요? 거기에 있는 각각의 기호들은 기록해 두어야 할 하나의 사건이나 물건을 의미했어요. 그 획들은 숫자는 아니었지만 각각의 획은 가령 하루가 지났음을 표시하는 것처럼 수를 센 하나의 '사실'이나 '사물'을 나타냈어요.

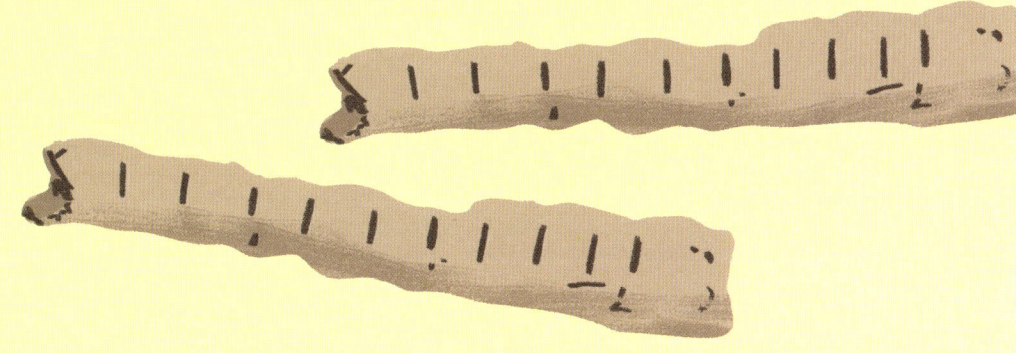

 # 짝수

짝수는 나머지 없이 정확히 2로 나눌 수 있는 숫자들을 말해요.

0 2 4 6 8

 ### 수직선

수직선에서 0부터 시작해 2칸씩 따라 세면 짝수의 수열(일정한 규칙에 따라 배열된 수의 줄)을 보게 돼요. 이 수열을 써 내려가면 하나의 패턴(형식)을 찾을 수 있어요.

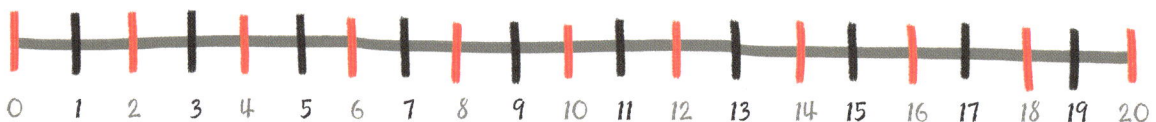

이 수직선을 관찰하면 그 패턴이 보이나요? 짝수의 패턴은 항상 끝자리가 0, 2, 4, 6, 8로 끝난다는 것을 알 수 있어요. 아무리 큰 수라고 할지라도요!

그러니까 이 숫자들은 모두 짝수겠지요.

2
16
96
112
678
1,132
11,678

계산해 볼 필요 없이 여러분은 바로 그 패턴을 볼 수 있어요. 끝자리가 0, 2, 4, 6, 8로 끝나는 숫자들은 짝수입니다. 숫자들을 2로 나누어서 짝수인지 확인해 볼 수도 있어요. 나머지 없이 정확히 나누어떨어지면 그 수는 짝수겠지요.

 ## 짝수 나누기

짝수의 물건은 두 사람에게 똑같이 나누어 주기 좋아요. 여러분이 만약 짝수 개의 포도나 과자를 갖고 있다면, 절반으로 쪼개지 않아도 친구와 공평하게 나누어 가질 수 있어요. 이처럼 짝수는 항상 2로 나누어떨어진다는 것을 기억해요.

 ## 스스로 해 보기

다음 숫자 중 어떤 것이 짝수일까요?

345   766   821
654   5,432   328

 ## 그냥 궁금해요

짝수들을 서로 더하거나, 빼거나, 곱해도 그 결과는 항상 짝수예요.

  짝수 + 짝수 = 짝수

  짝수 × 짝수 = 짝수

  짝수 - 짝수 = 짝수

또한 -2, -4와 같은 음수(26쪽에서 다시 배워요)도 짝수가 될 수 있어요!

홀수

홀수는 정확히 2로 나눌 수 없는 숫자들이에요.
홀수를 2로 나누면 항상 나머지 1이 남아요.

1 3 5 7 9

수직선

수직선에서 1부터 시작해 2칸씩 따라 세면 홀수의 수열을 보게 될 거예요. 이 수열을 써 내려가면 역시 하나의 패턴(형식)을 찾을 수 있어요.

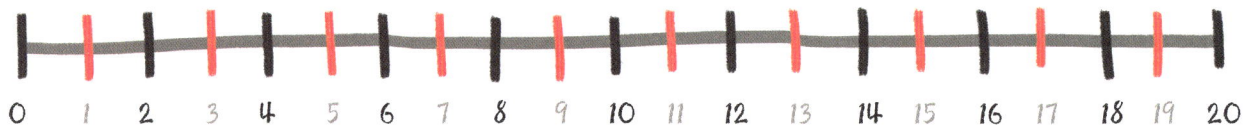

이 수직선을 관찰하면 그 패턴이 보이나요? 홀수의 패턴은 항상 끝자리가 1, 3, 5, 7, 9로 끝난다는 것을 알 수 있어요. 아무리 큰 수라고 할지라도요!

그래서 이 숫자들은
모두 홀수랍니다.

5
47
169
2,135
6,121
10,893

계산해 볼 필요 없이 여러분은 바로 그 패턴을 볼 수 있어요. 끝자리가 1, 3, 5, 7, 9로 끝나는 숫자들은 홀수입니다.
숫자들을 2로 나누어 보면 홀수인지 확인할 수 있어요. 2로 나누어서 나머지가 1이 나오면 홀수예요.

? 그냥 궁금해요

2개의 홀수를 합하면 항상 짝수가 돼요. 여러분이 직접 두 개의 홀수를 더해서 확인해 봐요.

홀수 곱하기
두 개 이상의 홀수들을 곱하면 항상 홀수가 돼요. 한번 해 봐요!

$$3\,(홀수) \times 5\,(홀수) = 15\,(홀수)$$

$$9\,(홀수) \times 7\,(홀수) = 63\,(홀수)$$

$3 \times 5 = 15$

소수

소수(prime number)는 1보다 큰 숫자들 중에서 자기 자신과 1로만 나누어떨어질 수 있는 숫자들을 말해요.
그 외에 다른 숫자들로는 나머지 없이 나누어질 수 없는 거예요.
숫자 19는 소수 중 하나예요. 19는 1과 자기 자신 19로만 나누어떨어질 수 있지요.
그 외의 숫자들로 나눈다면 나머지가 생길 거예요.

11도 소수예요. 왜냐면 1과 11 이외의 어떤 수로도 나누어떨어질 수 없으니까요.

12는 소수가 아니에요. 12는 12와 1 이외에도 2, 3, 4, 6으로 나누어떨어질 수 있기 때문이에요.

1	2	3	4	5	6	7	8	9	10
11	12	13	14	15	16	17	18	19	20
21	22	23	24	25	26	27	28	29	30

처음 10개의 소수

30보다 작은 10개의 소수는 다음과 같아요.

2, 3, 5, 7, 11, 13, 17, 19, 23, 29

이 숫자들은 자기 자신과 1을 제외한 다른 어떤 숫자로도 나누어떨어지지 않아요. 2는 유일하게 짝수인 소수랍니다.

재밌는 사실!
2보다 큰 모든 짝수는 소수가 아니에요. 모두 2로 나누어떨어지니까요.

실생활에서 사용되는 소수

소수는 사이버(인터넷) 보안 분야에 사용되어 우리가 인터넷을 통해 공유하는 디지털 정보를 좀 더 안전하게 만들어요.
소프트웨어 엔지니어들은 소수를 이용해서 신용카드 세부 정보, 메신저 프로그램, 의료 기록처럼 안전하게 보호할 필요가 있는 정보를 **암호화**(해독하기 어렵게 만드는 것)해요.
또 거의 모든 온라인 구매 사이트에서 거래 내역을 안전하게 보호하는 데에도 소수를 사용해요.

소프트웨어 엔지니어들은 자릿수가 큰 소수들을 서로 곱해서 정말로 거대한 숫자(합성수)를 만들어 정보를 암호화하는 방법을 사용해요. 어떤 **인수**(곱했던 두 개의 원래 소수)가 사용되었는지 알아내는 데는 몇 년이나 걸리기 때문에 정보를 안전하게 지킬 수 있는 거예요.

100 이내의 소수들

아래 숫자들은 100 이내의 소수들을 나열한 거예요. 왜 소수인지 설명할 수 있겠지요?

2	3	5	7	11	13
17	19	23	29	31	37
41	43	47	53	59	61
67	71	73	83	89	97

그냥 궁금해요

지금까지 알려진 세상에서 가장 큰 소수는 자릿수가 거의 2천5백만 자리나 되는 엄청나게 큰 수예요!

인수

인수는 어떤 숫자를 나머지 없이 나누어떨어지게 하는 수를 말해요.
어떤 숫자든지 그 숫자 자신과 1은 항상 그 숫자의 인수가 되지요.

10의 양의 인수들
1, 2, 5, 10

100의 인수들
1, 2, 4, 5, 10, 20, 25, 50, 100

인수 구하기

어떤 수의 인수를 구하기 위해서는 먼저 그 숫자가 짝수인지 확인해야 해요. 만약 짝수이면 2는 당연히 인수임을 알 수 있어요. 그다음 그 숫자가 0으로 끝나는지 봐요. 만약 0으로 끝나면 10은 인수가 돼요. 인수는 분수가 아니라 정수예요.

인수 쌍

어떤 수에 대한 인수 쌍은 그 수의 인수들 중 서로 곱했을 때 그 수와 같아지는 두 가지 인수들의 조합이에요. 100의 인수 쌍들은 다음과 같아요.

 ### 양의 인수들:

$$1 \times 100 = 100$$
$$2 \times 50 = 100$$
$$4 \times 25 = 100$$
$$5 \times 20 = 100$$
$$10 \times 10 = 100$$
$$20 \times 5 = 100$$
$$25 \times 4 = 100$$
$$50 \times 2 = 100$$
$$100 \times 1 = 100$$

 ### 인수분해

인수분해는 주어진 숫자를 그 수의 모든 인수(그 수를 정확히 나누어떨어지게 하는 숫자들)로 쪼개 나가는 과정이에요. 숫자를 하나 선택해서 인수분해를 해 보세요.

 ### 구구단 배우기

구구단은 숫자들의 인수를 구하는 데 도움이 돼요.

3×7=21이라는 걸 알면, 3과 7은 모두 21의 인수라는 것도 알 수 있어요.

 # 분수와 소수

분수는 전체에 대한 부분을 나타내는 수예요. 피자 한 판을 여러 조각으로 자르는 경우를 생각해 봐요. 그 조각들이 같은 크기라면 그 조각들은 분수로 설명할 수 있어요.

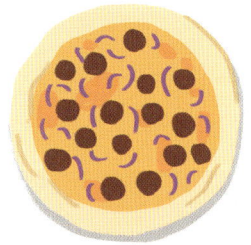 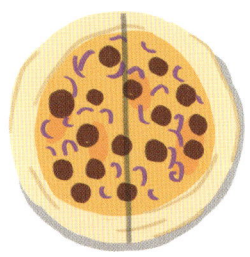 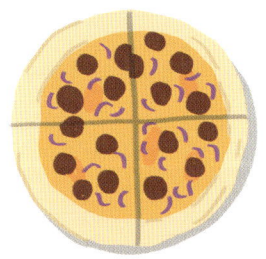 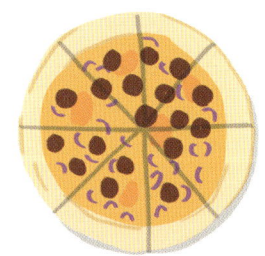

 분자와 분모

분수는 분자와 분모로 이루어져 있어요. 분자는 분수의 위쪽에 있는 숫자예요. 분모는 분수의 아래쪽에 있는 숫자이고요. 분자는 '전체' 중에 우리가 몇 개의 조각을 가지고 있는지 알려 줘요. 분모는 '전체'를 몇 개의 조각으로 나누어 놓았는지를 말해 주고요.

$$\frac{분자}{분모}$$

¼ 은 전체를 4조각으로 나누었을 때 그중 1조각을 의미해요.

⅞ 은 전체를 8조각으로 나누었을 때 그중 7조각을 말해요.

 진분수

'진분수'는 분자가 분모보다 작은 분수예요. 진분수는 항상 그 값이 1보다 작아요.

½ = 전체를 2 조각으로 자른 것에서 1 조각

9/10 = 전체를 10 조각으로 자른 것에서 9 조각

¾ = 전체를 4 조각으로 자른 것에서 3 조각

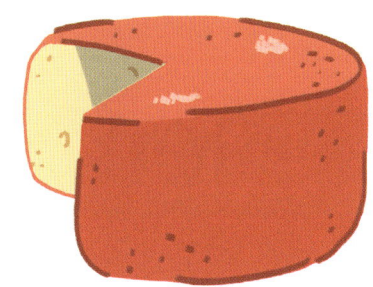

 ## 가분수

가분수는 분자가 분모보다 큰 분수를 말해요. 가분수는 항상 1보다 커요. 간단히 말하자면 '위쪽이 무거운' 것이지요.

$\frac{3}{2}$ = 전체를 2 개로 나눈 조각이 3 개 있음 = $\frac{1}{2}$이 3개 = $1\frac{1}{2}$

$\frac{5}{4}$ = 전체를 4 개로 나눈 조각이 5 개 있음 = $\frac{1}{4}$이 5개 = $1\frac{1}{4}$

$\frac{8}{3}$ = 전체를 3 개로 나눈 조각이 8 개 있음 = $\frac{1}{3}$이 8개 = $2\frac{2}{3}$

 ## 대분수

대분수는 '자연수'와 진분수의 합으로 이루어져 있어요. 다음은 대분수의 예시예요.

$1\frac{1}{2}$
$8\frac{3}{4}$
$4\frac{5}{6}$

 ## 소수는 무엇인가요?

숫자에 소수점이 사용될 때 소수점 오른쪽에 있는 숫자는 분수의 한 종류예요.

1.1은 $1\frac{1}{10}$ 과 같아요.

1.01은 $1\frac{1}{100}$ 과 같아요.

1.001은 $1\frac{1}{1000}$ 과 같아요.

 ## 분수와 소수는 어떤 관계가 있을까요?

분수와 소수(decimal, 일의 자리보다 작은 자리의 값을 가진 수)는 같은 것을 알려 줘요.

0.25는 $\frac{1}{4}$ 과 같아요.　　0.5 는 $\frac{1}{2}$ 과 같아요.

0.3 은 $\frac{3}{10}$ 과 같아요.　　0.75는 $\frac{3}{4}$ 과 같아요.

분수를 같은 값을 갖는 소수로 바꿀 수 있어요. 분수에서 분모와 분자를 가르는 선을 나누기 기호 ÷로 바꾸어 생각하면 돼요. 분수를 소수로 바꾸려면 분자를 분모로 나누면 되는 거지요.

$\frac{1}{2}$ 은 $1 \div 2 = 0.5$ 와 같아요.

 # 무한대

무한대는 '끝이 없음'을 의미해요. 우리는 우주 공간이나 숫자처럼 어떤 것이 영원히 계속될 때 그것을 무한하다고 말해요.

무한대는 기술하고자 하는 대상이 끝이 없이 무수히 많음을 의미해요. 무한대는 실존하는 수가 아니고 하나의 개념이지요. 끝나지 않는 어떤 것을 말하는 것이고, 측정할 수도 없는 거예요.

∞ 무한대와 고대 세계

고대 그리스에서는 무한대를 아페이론(만물이 생겨나고 다시 돌아가는 원리)으로 불렀어요. 무한하고 형태가 없음을 의미했지요. 수학에서 최초로 무한대를 논의한 것은 사각형의 대각선과 변의 **비율**에 관한 것이었어요. 아리스토텔레스(기원전 384년~기원전 322년)는 '실제'로 무한대가 있다고 받아들이지는 않았지만, 셀 수는 있어도 세는 것을 멈출 수는 없는 잠재적 의미의 무한대를 인지하고 있었어요.

 ## 무한한 공간

무한한 것은 숫자만이 아니에요. 우주 공간이 영원히 계속된다면 우주도 무한대일 수 있지요. 우주의 끝이 있는지는 모르지만, 우리는 흔히 우주는 '무한하다'라고 말해요.

 ## 무한대를 표현하는 기호

무한대를 나타내는 기호를 사용할 수 있어요. 이 기호는 숫자 '8'을 옆으로 뉘어 놓은 것처럼 생겼어요. 1665년에 수학자 존 월리스(John Wallis)가 고안한 것이에요.

 ## 끝없는 숫자

여러분은 끝없이 숫자를 셀 수 있어요. 아무리 큰 숫자도 계속해서 다른 숫자를 더할 수 있으니까 숫자는 끝이 없지요. 수학자들은 수의 무한함을 '무한대'라고 해요.

10
20 30 40
50 60 70 80
90 100 110 120 130
140 150 160 170 180 190
200 210 220 230 240 250
260 270 280 290 300 310
320 330 340 350 360 370

 ## 컴퓨터도 다 셀 수 없어요

컴퓨터조차도 무한대까지 셀 수는 없어요. 만약 우리가 공룡 시대부터 컴퓨터에 초당 1개씩 숫자를 세도록 설정할 수 있었다면 컴퓨터는 지금도 계속 숫자를 세고 있을 것이고, 앞으로도 영원히 계속될 거예요.

음수

음수는 0보다 작은 실수를 말해요. 0에서 뒤쪽으로 수를 세면 그 수들이 음수예요.
0보다 큰 숫자들은 양수라고 불러요. 0은 음수도 양수도 아니에요.

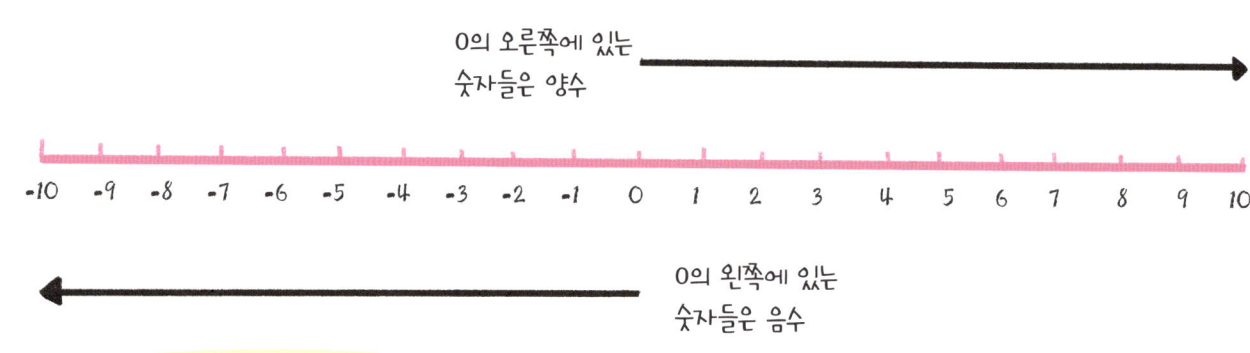

— 역사 속 음수

음수는 중국 한 왕조(기원전 202년~서기 220년)에서 처음 사용되었어요. 7세기에는 인도의 수학자 브라마굽타(Brahmagupta)가 음수의 사칙 연산에 관한 책을 썼지요.

이슬람 수학자들도 계속해서 음수를 연구하고 음수의 사용 방법에 관한 규칙을 개발했어요. 예를 들면, 초기 회계에서 부채(빚)를 기록할 때 음수를 사용했지요.

과학에서 사용되는 음수

과학에서도 다양한 방법으로 음수를 사용해요.

0 아래로 내려갈 수 있는 척도를 측정할 때 음수를 사용해요. 한 가지 예가 온도 측정이지요.
섭씨온도계는 물의 어는점을 0도로 설정하지만, 온도는 그보다 훨씬 더 낮아질 수 있어요.
남극 대륙에서는 실제로 온도가 거의 섭씨 -100도(화씨 -148도)까지 떨어져요.

지리학에서는 지표면의 고도를 측정할 때 해수면보다 낮은 지표면의 측정값을 나타내기 위해 음수를 사용해요.

일상생활 속 음수

자세히 관찰해 보면 정말 여러 곳에서 음수가 사용되고 있어요!

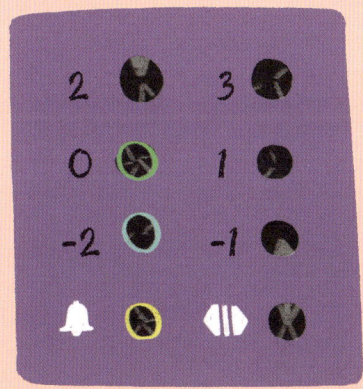

엘리베이터의 버튼에 층수를 표기할 때도 지상층(1층) 아래의 지하층은 음수를 사용해서 표기해요.

비디오 게임에서는 데미지(손상), 사상자 수, 자원 고갈 등을 표시할 때 음수를 사용해요.

오디오 파일을 재생할 때, 남은 재생 시간을 표시하는 데도 음수가 사용되지요.

27

2장
놀라운 수
$3 \times 6 = 18$

숫자 중에는 특별한 것이 있어요. 어떤 숫자들은 자연에서 발견되는
피보나치수열 같은 특별한 패턴을 만들어요.
예를 들면, 껍질이나 식물에서 아름다운 곡선을 이루는 패턴을 말하지요.
패턴은 자연 곳곳에서 찾아볼 수 있어요.
수 세기 동안 피타고라스나 데카르트 같은 위대한 사상가와 수학자들이
이러한 수열과 패턴들을 밝혀내고 논의해 왔어요.

또 다른 특별한 숫자로 **황금비**가 있어요. 예술, 건축, 자연에서
발견되는 황금비는 균형과 조화의 효과를 만들어 낸다고 해요.

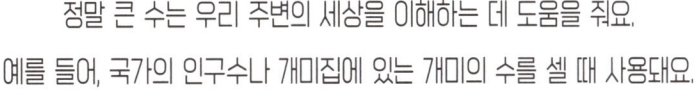

정말 큰 수는 우리 주변의 세상을 이해하는 데 도움을 줘요.
예를 들어, 국가의 인구수나 개미집에 있는 개미의 수를 셀 때 사용돼요.

프랙털은 동일한 개체에서 다른 크기와 배율로 반복되는 기하학적 패턴이에요.
프랙털은 자연 세계에서도 자주 나타나요. 눈송이나 양치식물,
가랑이번개(여러 갈래로 갈라지는 번개)와 같은 것에서 볼 수 있어요.

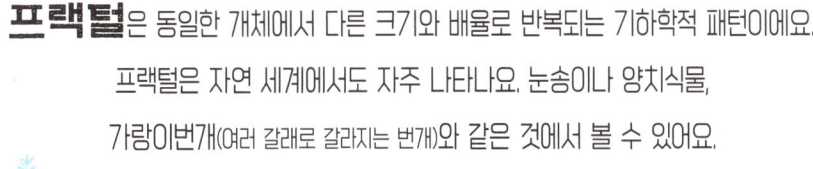

피보나치수열

피보나치수열은 일련의 숫자들이에요. 이 수열에서 다음에 나타나는 숫자는 바로 앞에 있는 두 개의 숫자를 합한 값으로 나타나지요. 간단하지요!

0 + 1 = 1   1 + 1 = 2   1 + 2 = 3   2 + 3 = 5

계속 이런 식이에요!

0, 1, 1, 2, 3, 5, 8, 13, 21, 34 ...

이러한 숫자열을 '피보나치수열'이라고 불러요. 피보나치(Fibonacci)로 알려진 레오나르도 피사노 비골로(Leonardo Pisano Bigollo)라는 사람이 이 수열을 유럽에 소개했거든요. 그는 1202년에 《리베르 아바치(Liber Abaci)》라는 책을 썼어요. 오늘날 전 세계 대부분의 지역에서 사용하는 인도-아라비아 숫자가 퍼져 나가는 데 도움을 준 책이랍니다.

1, 2, 3, 4, 5, 6, 7, 8, 9, 10

그전에는 많은 사람들이 아래의 로마 숫자를 사용했어요.

I, II, III, IV, V, VI, VII, VIII, IX, X

피보나치는 이 수열을 유명하게 만든 장본인이었지만, 이 수열을 발견한 사람은 아니었어요. 이 수열은 6~8세기경에 살았던 수학자 비라한카(Virahanka)의 연구를 통해 이미 인도에 알려져 있었답니다.

생명의 사다리

피보나치 나선은 자연 곳곳에서 발견돼요.
꽃에 있는 꽃잎의 수,
씨 머리나 열매 안에 있는 씨앗의 수,
솔방울의 비늘 수,
식물 줄기에 붙어 있는 잎사귀 수 등은
피보나치 수의 사례예요.

그래서 피보나치수열을 '자연의 코드'로
부르기도 해요.

그냥 궁금해요

사과 중심부를 가로질러 반으로 자르면 5개의
씨앗이 별 모양으로 들어 있는 것을 볼 수 있어요.
이것도 피보나치 수랍니다.

피보나치의 날

미국에서 11월 23일은 피보나치의 날이에요! 날짜가 1, 1, 2, 3의 숫자로
구성되기 때문이에요.

11월에서 1, 1, 그리고 23일이니까 2, 3의 수가 나오네요.

황금비

황금비(황금 비율)는 값이 1.618인 특별한 숫자예요. 1.618 : 1의 비율은 예술, 건축, 심지어 인간의 미학에서도 아름다운 모양을 만들어 낸다고 알려져 있지요.

 얼굴과 황금비

사람의 얼굴은 눈, 코, 입이 대칭이면서 얼굴의 길이와 너비의 비율이 1.6:1일 때 '매력적'으로 보여요. 이 말은 얼굴 길이가 얼굴 너비의 대략 1.5배 정도일 때 아름답게 보인다는 의미랍니다. 놀랍지요?

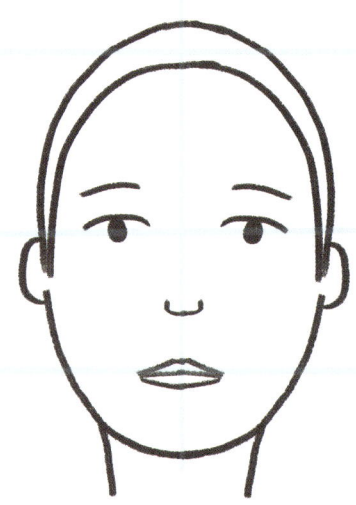

 기호

황금비는 그리스 문자 피(Phi, φ)를 사용해서 표기할 수 있어요.

일부 수학자들은 기원전 438년경에 완성된 고대 그리스의 파르테논 신전이 황금비에 맞는 비율을 갖고 있다고 말해요. 그 신전의 전면인 파사드의 너비는 높이의 1.6배 정도로, 상당히 우아하게 보이도록 만들어졌어요.

 예술에서 나타나는 황금비

많은 예술가들이 사람의 눈에 보기 좋은 형태로 작품을 만들기 위해 황금비를 사용해요. 레오나르도 다빈치(Leonardo da Vinci)는 이것을 '신의 비율'이라고 불렀고, <모나리자>를 비롯한 많은 작품에 사용했지요.

황금비와 피보나치수열

흥미롭게도 황금비와 피보나치수열 사이에는 어떤 관계가 있어요. 피보나치수열에서 처음 몇 개 숫자 이후로는 각 숫자와 그다음 숫자의 비율이 황금비로 수렴한답니다.

자연에서 나타나는 황금비

두 변의 비율이 황금비인 1:1.618로 직사각형을 그려요. 이 직사각형의 긴 변을 짧은 변으로 하는 또 하나의 황금비를 갖는 직사각형을 그리고, 이러한 방법으로 계속 그려 나갑니다. 이렇게 그린 사각형 모음에서 각각 연이은 사각형의 반대편 모서리(꼭짓점)를 연결하는 나선형을 그려 보세요.

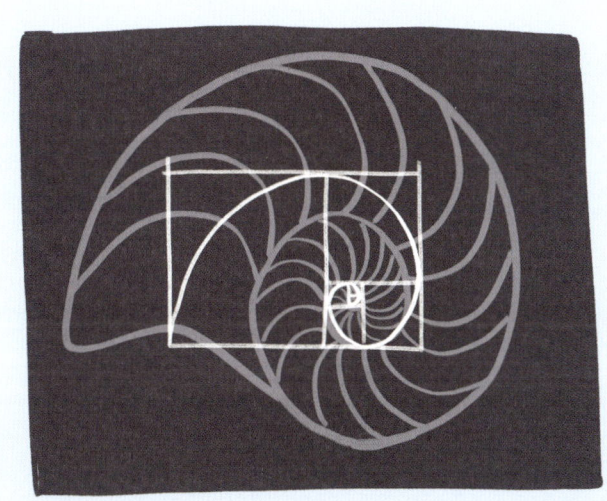

피보나치 숫자들로 사각형을 만들면, 그것들로 달팽이 껍질 모양처럼 자연에서 많이 볼 수 있는 나선형이 만들어진답니다.

프랙털

프랙털은 다른 크기로 반복되는 패턴이에요. 그러나 전혀 무작위적이지 않고,
다른 배율로 반복되는 단일한 기하학적 패턴이랍니다.
따라서 다양하게 설정해서 일상생활 속에서 유용하게 쓸 수 있어요.

❄ 자연 속 프랙털

나뭇잎과 눈송이도 프랙털을 갖고 있어요.
로마네스코 브로콜리나 파인애플에서도
볼 수 있지요!

의학 속 프랙털

프랙털은 의학에서도 사용돼요. 의사들은 혈관에 나타나는 프랙털 패턴을 보고 어떤 종류의 질병인지 알 수 있어요.

집 안의 프랙털

TV 안테나는 다양한 범위의 주파수에서 작동하도록 프랙털을 활용해요. 이를 통해 우리는 TV를 시청할 수 있어요.

수학에서의 프랙털 도형

수학자들이 만든 프랙털 도형에는 코흐 곡선(맨 아래 그림), 코흐 눈송이(오른쪽 아래 그림), 시어핀스키 삼각형(왼쪽 그림) 등이 있어요. 코흐 눈송이는 최초로 묘사된 프랙털 중 하나였어요.

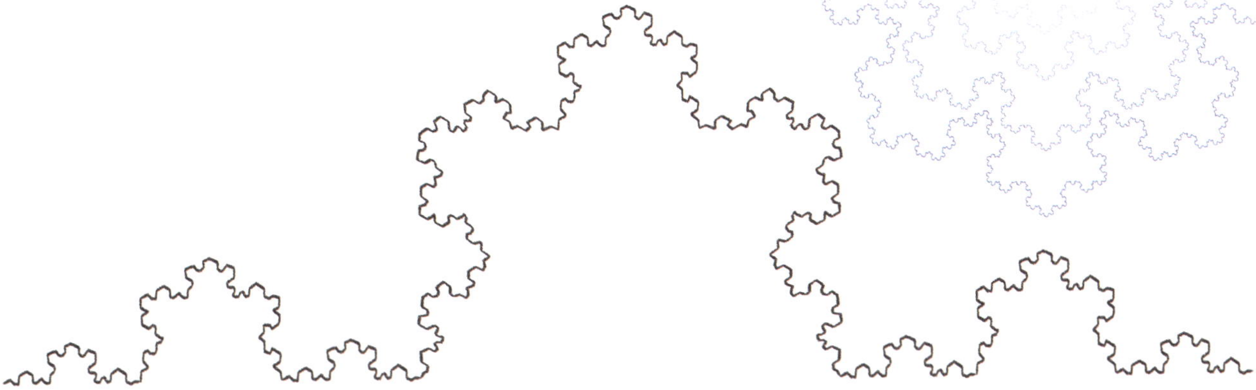

수학 속 프랙털

수학자 브누아 망델브로(Benoit Mandelbrot, 1924~2010년)는 처음으로 프랙털을 연구하고 이름을 붙였어요. 그는 자연 속에 존재하는 모양을 관찰했고, 해안선이나 구름처럼 보통 '거칠'거나 '혼잡'하게 보이는 것들도 실제로는 일종의 질서를 갖고 있다고 말했어요. 그는 이를 설명하기 위해 하나의 공식을 만들었어요. 그리고 망델브로는 최초로 컴퓨터를 사용해서 프랙털 이미지를 만들었어요.

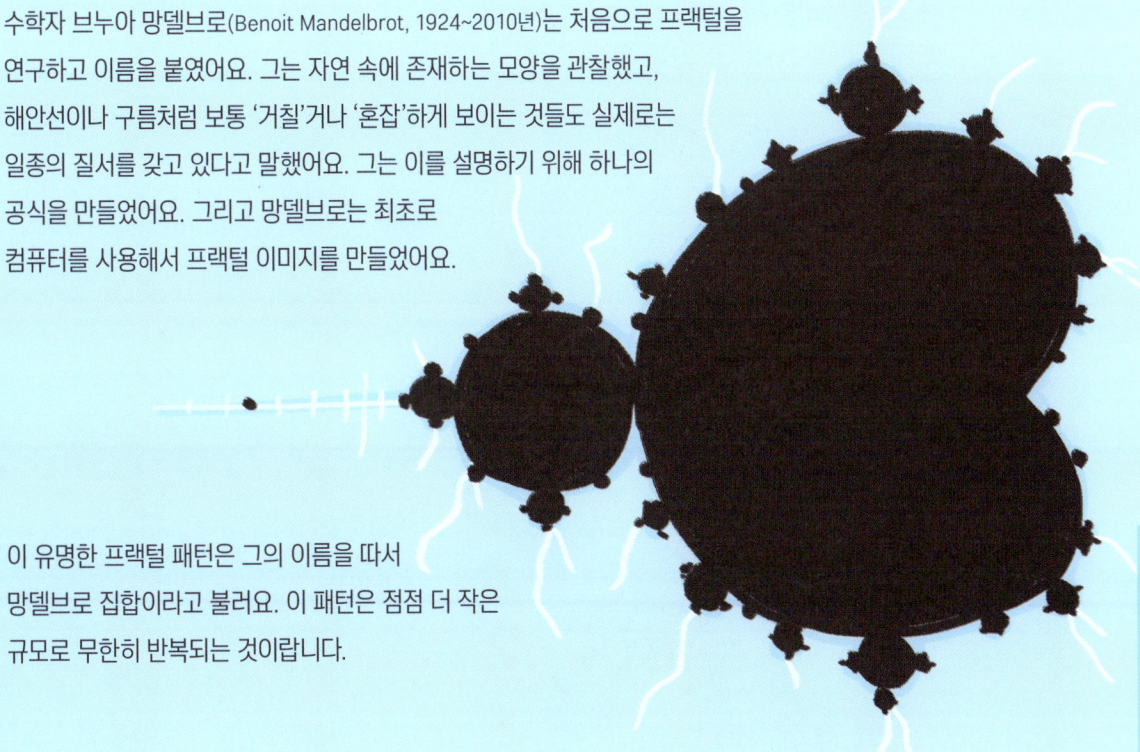

이 유명한 프랙털 패턴은 그의 이름을 따서 망델브로 집합이라고 불러요. 이 패턴은 점점 더 작은 규모로 무한히 반복되는 것이랍니다.

동물과 숫자 감각

일부 동물들은 숫자 감각을 지니고 있어요. 놀랍지요? 영장류, 새, 심지어 물고기도 '얼마나 많은지'에 대한 개념을 갖고 있다는 연구 결과가 있어요. 그들은 여러분이 세는 것처럼 수를 세는 것은 아니지만 수학자들이 말하는 '매우 많다'라는 개념을 갖고 있지요.
정확히 말해 '수를 센다'기보다는 사물의 양이 많고 적음을 추정한다는 뜻이에요.
예를 들면, 동물은 새끼 중에 한 마리가 사라지면 알아차릴 수 있답니다.

영리한 한스

20세기 초, 빌헬름 폰 오스텐(Wilhelm von Osten)이라는 사람은 자신의 말인 '영리한 한스'가 수를 셀 수 있다고 했어요. 자신의 말에게 질문을 던지면 수학적인 **연산**을 해낸다는 것을 보여 주었지요. 심지어 종이에 질문을 써서 보여 주었을 때도 말이에요. 하지만 아쉽게도 오스카 펑스트(Oskar Pfungst)라는 사람의 조사 결과 영리한 한스는 '수학을 하는' 것이 아니라 질문하는 사람의 몸짓에 반응하는 것으로 밝혀졌어요. 그래도 아주 영리한 말이지요!

까마귀 야곱

오토 퀼러(Otto Koehler)는 1920년대부터 1970년대까지 동물의 숫자 감각에 대해 연구했어요. '야곱'이라는 이름의 까마귀는 그의 연구 대상 중 하나였지요. 이 영리한 새는 물건의 수를 5개까지 셀 수 있었답니다.

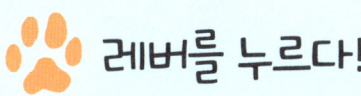 레버를 누르다!

1980년대와 1990년대에는 프랜시스 메크너(Francis Mechner), 존 플랫(John Platt), 데이비드 존슨(David Johnson)의 실험을 포함한 여러 연구 프로젝트에서 쥐와 비둘기가 먹이 배출 기계에서 먹이가 나오게 하는 데 필요한 횟수만큼 레버(지렛대)를 누를 수 있다는 것을 알아냈어요.

개미는 계산할 수 있을까요?

홍개미는 매우 사회적인 곤충이에요. 집단으로 모여 생활하면서 먹잇감, 이동 방향과 위협 요소에 대해 자주 의사소통을 하지요. 한 실험에서 수색하는 정찰 개미들은 '수를 세는 미로'에서 20개까지 셈해서 먹이를 찾는 채집 개미들이 어디로 가야 하는지 알려 주는 것처럼 보였어요. 개미들은 이렇게 지시하기 위해 간단한 덧셈과 뺄셈을 사용하는 것 같았어요.

큰 수

정말로 큰 숫자는 실제로 짐작하여 헤아리기가 어려울 수 있어요. 수많은 0이 줄줄이 나오는 숫자들은 혼동스럽기도 해요. 여러분 머릿속에 명확한 그림을 그리기 위해서는 일상 속 물건들을 생각해 보고, 그 수가 100만 개 또는 10억 개가 되면 어떤 모습일지 떠올리면 도움이 될 거예요.

백만

백만은 숫자 1 다음에 0이 6개가 따라붙어요.

1,000,000

그 값이 여러분이 이미 알고 있는 숫자와 어떻게 연관되는지 생각하면 이해하기 쉬워요. 백만은 1,000개가 1,000번 있는 '값'이지요.

1,000개가 1,000번 = 1백만 개
1,000 × 1,000 = 1,000,000

수백만 단위로 셈하는 것은 무엇이 있을까요?

도시와 국가의 인구수는 수백만 단위로 계산해요. 세계에서 가장 큰 도시인 일본의 도쿄에는 3천8백만 명이 살고 있어요. 여러분의 나라에는 몇 백만 명이 살고 있는지 알아봐요.

그냥 궁금해요

11.5일은 시간으로 계산하면 1백만 초가 돼요. 2년은 약 1백만 분이에요.

000 십억

십억은 백만 개가 1,000번 있는 것과 같아요.
십억은 숫자 1 다음에 0이 9개가 따라붙어요.

1,000,000,000

백만(1,000,000)개가 1,000번 = 1십억 개
1,000 × 1,000,000 = 1,000,000,000

000 수십억 단위로 셈하는 것은 무엇이 있을까요?

세계의 인구는 수십억 단위로 계산해요. 2020년 3월까지 세계 인구는 약 7,800,000,000(78억)명이에요.

그냥 궁금해요

만약 여러분이 쉬지 않고 1초에 1개씩 숫자를 센다면 10억까지 세는 데에는 거의 32년이 걸려요.

7,800,000,000

엄청나게 큰 수

어떤 숫자들은 엄청나게 커서 수학이나 천문학 이외의 분야에서는 잘 사용되지 않아요.
다음과 같은 숫자가 있답니다.

트릴리언(0이 12개)

1,000,000,000,000

쿼드릴리언(0이 15개)

1,000,000,000,000,000

퀸틸리언(0이 18개)

1,000,000,000,000,000,000

섹스틸리언(0이 21개)

1,000,000,000,000,000,000,000

셉틸리언(0이 24개)

1,000,000,000,000,000,000,000,000

옥틸리언(0이 27개)

1,000,000,000,000,000,000,000,000,000

노닐리언(0이 30개)

1,000,000,000,000,000,000,000,000,000,000

디실리언(0이 33개)

1,000,000,000,000,000,000,000,000,000,000,000

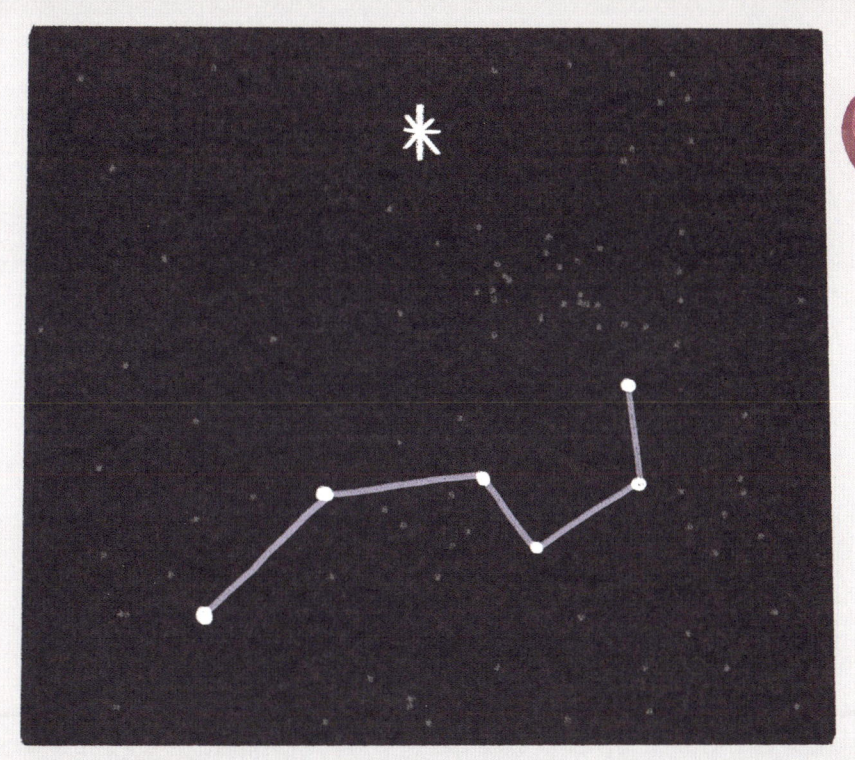

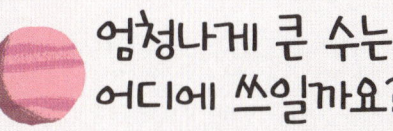 엄청나게 큰 수는 어디에 쓰일까요?

이런 큰 수는 일상생활에서는 거의 쓰이지 않아요. 대부분 수학적인 아이디어를 계산하는 데 사용되지요. 과학자들도 때때로 엄청나게 큰 수를 사용한답니다. 예를 들면, 물리학자들이 빛의 속도를 말할 때는 트릴리언(1조)을 사용합니다. 빛은 1년에 5.9트릴리언 마일(9.5조 킬로미터)을 여행해요. 그 거리를 '광년'이라고 불러요. 지구는 가장 밝게 빛나는 북극성으로부터 최소 320광년이나 떨어져 있어요.

별이 반짝이는 밤

반짝반짝 빛나는 별들로 가득 찬 맑은 밤하늘을 본 적이 있나요? 그 별들을 모두 세기는 어려워요. 우주에는 100섹스틸리언 내지 300섹스틸리언 개의 별들이 있답니다.

데이터

데이터는 무언가를 하려는 목적으로 수집한 관찰 정보의 집합이에요.
데이터에는 다양한 종류가 있어요.

 질적 데이터

이 데이터는 무언가를 설명해 주는 거예요. 최고의 해변이 어딘지, 또는 가장 맛없는 간식은 무엇인지와 같은 의견을 질적 데이터의 예로 들 수 있어요.

 양적(정량적) 데이터

이 데이터는 어떤 것을 세어서 숫자 정보로 알려 주어요. 예를 들어, 여러분 반에 있는 학생들의 키를 기록해 둔 것은 양적 데이터이지요.

양적 데이터는 불연속적일 수도, 연속적일 수도 있어요.

 이산(불연속) 데이터

이 데이터는 정수로 계산되며, **유한**한 개수의 값을 가져요. 그 예로 요일을 들 수 있어요.

 연속 데이터

이 데이터는 측정되는 값이며, 주어진 범위 내에서 무한한 개수의 값을 가질 수 있어요. 한 달 동안 한 장소에서 측정한 온도 값을 예로 들 수 있어요.

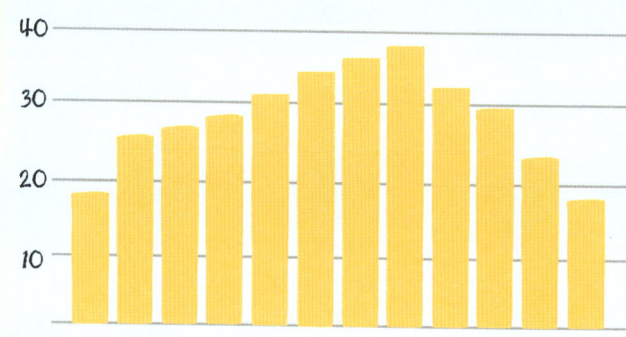

데이터는 어떻게 수집할까요?

데이터는 다양한 방법으로 수집할 수 있어요. 어떤 장소에서 통행하는 차량의 수를 세는 교통량 조사와 같이 관찰해서 수집하는 방식이 있어요.

표본이나 인구 조사 방법으로 수집할 수도 있어요. 표본 조사는 정해진 어떤 집단으로부터 데이터를 수집하는 것이고, 인구 조사는 전체 인구에게 정보를 요청해요.

학교에 다니는 1,000명의 학생 집단이 있고, 그 모든 학생에게 어떤 반려동물을 키우고 있는지 묻는다면, 이는 인구 조사의 예가 될 거예요. 반면 단 하나의 반을 대상으로 조사한다면 표본 조사가 될 거예요. 표본 조사는 인구 조사보다는 덜 정확한 데이터를 제공하지만 조사를 구성하기는 훨씬 수월해요.

데이터 수집은 왜 중요할까요?

자료를 수집하는 것은 사람들이 어떤 행동을 할지 결정하는 데 도움이 되기 때문에 중요해요. 예를 들면, 정부는 국민의 교육, 건강, 고용 등에 관한 정책을 결정하는 데 도움이 되는 데이터를 수집해요. 인구 조사를 통해 수집된 데이터는 5년 뒤에 얼마나 많은 아이가 학교에 입학하게 되는지 알려 주어서 정부가 학교 설립 계획을 세울 수 있게 하지요.

데이터 처리와 통계

수집된 데이터는 공유할 만한 가치가 있는 정보를 찾기 위해 처리되어요.
통계와 같은 정보는 사람들이 의사결정을 하는 데 도움을 줄 수 있어요.

통계란 무엇인가요?

통계는 데이터 과학이에요. 데이터를 수집하고, 분석하고, 제시하지요. 통계는 날씨 패턴 같은 것들을 연구하고 예측하는 데 사용될 수 있어요. 의학, 경제학(돈과 재화가 어떻게 이동하는지), 마케팅(물건 판매)의 영역에서도 활용되지요. 통계를 다루는 일을 하는 사람을 통계학자라고 불러요. 데이터는 **그래프**와 같이 다양한 방식으로 표현할 수 있어요. 이렇게 표현해서 우리가 통계를 잘 이해하도록 돕지요.

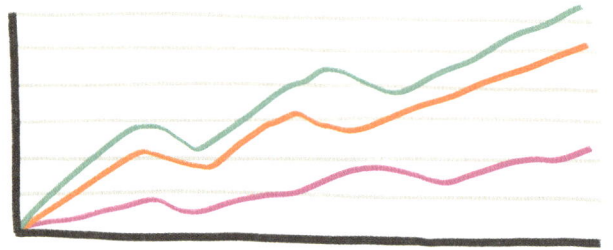

확률

의사는 통계를 이용해서 질병이 어떻게 퍼지는지 파악해요. 예를 들어 통계는 겨울철에 전체 인구 중 얼마나 많은 사람이 독감에 걸릴지 예측하는 데 도움을 줄 수 있어요. 의사는 통계를 보고 백신이 얼마나 필요할지, 얼마나 많은 사람이 병원에 올지 예측해요. 엔지니어도 진행하는 프로젝트가 제시간에 끝날 **확률**을 계산하기 위해 통계를 사용해요.

일기예보

TV에서 일기예보를 본 적이 있나요? 기상을 예측하는 데에도 통계가 쓰여요. 슈퍼컴퓨터는 날씨가 어떨지 예측하기 위해 기상 상태를 이전의 패턴과 비교하려고 통계 기능을 사용해요.

정치에서 사용되는 통계

정치인들은 선거에서 승리할 가능성을 알아보기 위해 통계를 활용해요. 뉴스에서도 통계를 활용해서 선거 결과를 예측하지요.

보험에서 사용되는 통계

사람들은 사고나 어려운 일이 닥쳤을 때 재정적 도움을 받기 위해서 보험에 들어요. 자동차 보험은 사고가 나면 차 수리비를 지원해 줘요. 주택 보험은 화재나 홍수로 발생한 피해를 보상해 주지요. 보험에 가입하고 내는 돈을 보험료라고 해요. 보험료는 무언가 나쁜 일이 발생할 위험과 보험 회사가 지원할 수리 비용을 산출하여 계산한답니다.

통계는 어디에나 있어요!

통계는 사업, 스포츠, 교육, 금융, 연구 분야 그리고 정부에서도 사용돼. 통계가 없이 현대 생활을 사는 것은 불가능해요!

곱과 인수

수학에서 곱은 두 개 이상의 숫자들을 곱한 값이에요.

$$3 \times 6 = 18$$

18은 3과 6의 곱

$$5 \times 4 = 20$$

20은 5와 4의 곱

양수로 유지하기

두 개의 양수를 곱하면 항상 양수가 돼요. 이건 당연하지요? 그렇지만 두 개의 음수를 곱해도 이 또한 양수가 돼요.

$$-4 \times -5 = 20$$

인수

인수는 수학적으로 곱의 반대예요. 인수는 곱을 얻기 위해 다른 인수들과 곱하는 숫자예요.

3과 6은 18의 인수

한 숫자는 두 개 또는 여러 개의 인수를 가질 수 있어요.

 ## 일상생활에서 인수 구하기(인수분해)

여러분은 아마도 '교실 밖에서 이런 수학 기술을 사용할 일이 있을까?'라고 생각할 수도 있어요. 하지만 인수분해는 많은 곳에서 사용돼요. 인수분해는 곱셈과는 반대로 서로 곱해서 그 수(곱)를 만들어 낼 수 있는 숫자들(인수)을 찾아내는 기본 수학이에요.

어떤 것을 균등하게 나눌 때 인수분해를 사용해요. 예를 들어 6명의 아이들이 딸기나무를 심어 길렀는데 24개의 딸기가 열렸다면, 아이들은 각각 딸기를 4개씩 나누어 가지면 공평할 거예요. 24를 6으로 나누면 4가 나오니까 아이들은 각각 4개의 딸기를 받는 거지요.

돈을 더 적은 액수의 동전이나 지폐로 환전할 때도 인수분해를 사용할 수 있어요.

3장

도형

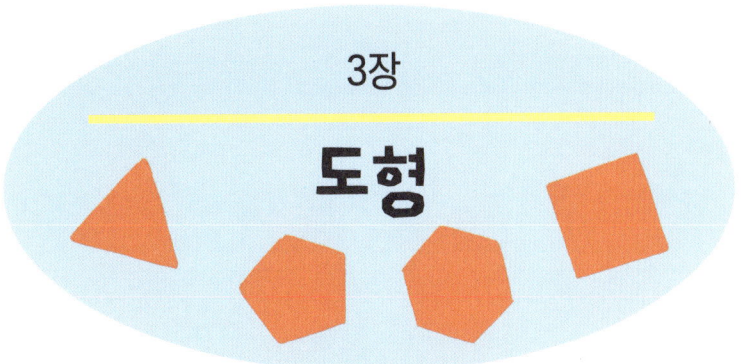

도형은 우리 주변 어디에나 있어요! 여러분 주위를 둘러보세요.
주위의 모든 것이 도형으로 분해될 수 있어요.
도형을 다루는 수학을 기하학이라고 해요.

우리는 차원의 관점에서 도형을 이야기해요. 수학에서 차원을 이루는 것은 너비, 길이, 높이랍니다.

선은 1차원이에요. 길이만 갖고 너비는 없어요.

그다음 원, 사각형, 삼각형 등과 같은 2차원 도형이 있어요. 길이와 너비를 가지고 있지요.
평평한 모양이며 깊이는 없어요.

구, 정육면체, 각뿔 등과 같은 3차원 도형도 있어요. 3차원 도형은 세 개의 차원,
즉 길이, 너비, 높이를 가지고 있어요. 입체 모양이기 때문에 깊이 값을 갖지요.

 # 다각형과 다면체

다각형은 직선, 각, 점으로 구성된 2차원 도형이에요. 다각형을 뜻하는 단어 '폴리곤(polygon)'은 '많음' 그리고 '각도'를 뜻하는 그리스어의 합성어예요. 변(둘레선, 모서리)이 곡선으로 이루어진 도형은 다각형이라고 하지 않아요.

삼각형   사각형   오각형   육각형   칠각형

팔각형   구각형   십각형   십일각형   십이각형

 ### 정다각형

정다각형은 모든 변의 길이가 같고, 내각(도형의 안쪽 각)의 크기가 모두 같은 다각형이에요.

오른쪽 도형은 7개의 직선인 변을 가진 정칠각형입니다.

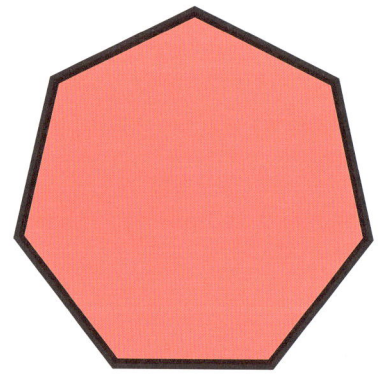

 ### 불규칙한 다각형

불규칙한 다각형은 길이가 다른 변을 가지며 내각의 크기가 모두 다를 수 있어요.

오른쪽 도형은 변의 길이가 다르고 내각의 크기도 다른 불규칙한 칠각형이에요.

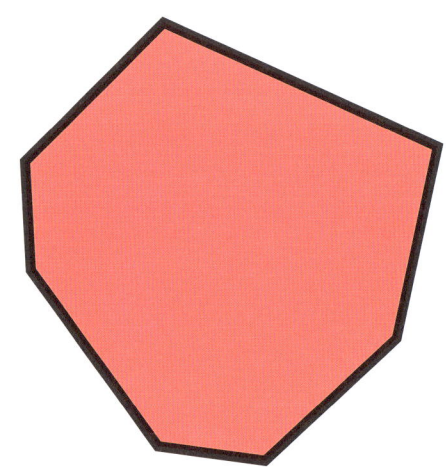

다른 점 찾기

여기에 있는 삼각형과 **사변형**(사각형)을 보세요. 어떤 것이 정다각형이고, 어떤 것이 불규칙한 다각형인지 구분할 수 있나요?

자연에 있는 다각형

여러분 주변에서도 수많은 다각형을 찾아볼 수 있어요. 예를 들면, 벌집은 변이 6개인 정육각형으로 구성되어 있어요.

뱀의 피부에서도 육각형 문양을 볼 수 있어요.

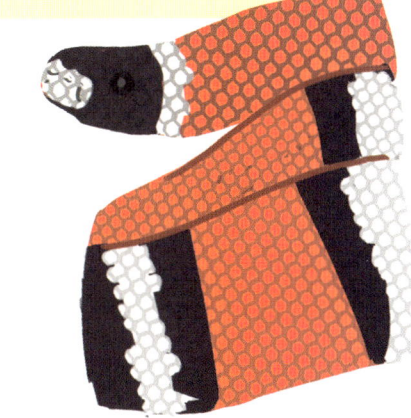

 ## 다면체

다면체는 평평한 면과 평평한 모서리를 갖는 3차원 도형이에요. 다면체를 뜻하는 단어 폴리히드론(Polyhedron)은 '많음'을 뜻하는 그리스어 Poly와 '면'을 뜻하는 그리스어 hedron에서 유래했어요. 휘어진 표면을 갖는 3차원 도형은 다면체가 아니에요.

정육면체와 각뿔은 다면체예요.

원뿔과 구는 굽어진 표면이 있어서 다면체가 아니에요.

곡선이 있는 도형

원이나 **타원**과 같은 일부 2차원 도형들은 곡선형 모서리를 가지고 있어요.
3차원 도형 중에도 구, 원기둥, 원뿔처럼 곡선형 모서리를 갖는 도형이 있답니다.
주위를 잘 둘러보면 곡선을 갖는 도형을 곳곳에서 볼 수 있어요.

원

원은 곡선형 모서리를 갖는 2차원 도형이에요. 대표적인 예가 동전이지요. 원의 모서리는 원의 중심으로부터 항상 같은 거리에 있어요. 원은 우주에서 가장 대칭적인 도형으로, 거의 무한한 개수의 **대칭선**(대칭축)을 가지고 있어요. 원의 중심을 지나 원을 둘로 자르는 선을 어디에 그리든 그 선의 양쪽에는 반사된 모양이 있을 거예요.

타원

타원은 모서리가 곡선인 2차원 도형이에요. 중심을 관통하는 두 개의 **축**이 있지요.

타원의 중심을 지나는 선분 중에 긴 것을 장축, 짧은 것을 단축이라고 해요. 타원은 축을 기준으로 양쪽이 반사 대칭을 이뤄요.

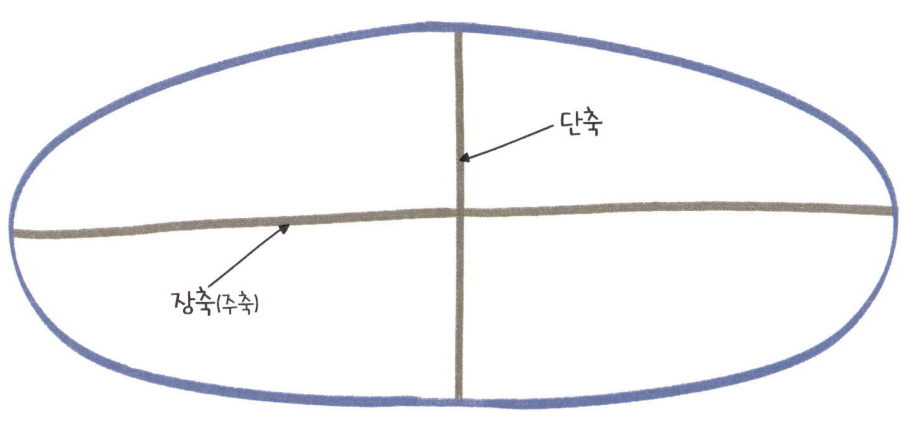

구

구는 모든 면이 굽어진 3차원 도형이에요. 완벽하게 동그랗지요. 공은 구예요. 행성은 대략 구의 모양을 가지고 있어요. 구의 표면에 있는 모든 점은 구의 중심으로부터 같은 거리에 있어요.

원뿔

원뿔은 3차원 도형으로, 밑면이 원인 각뿔이에요. 맛있는 예가 아이스크림콘이에요! 나무에 박는 못과 같이 날카로운 물건의 끝에서도 원뿔 모양을 발견할 수 있어요. 여러분이 학교 수업 시간에 사용하는 것 중에도 원뿔 모양이 많을 거예요.

원기둥

원기둥은 곡선형 모서리를 가진 3차원 도형이에요. 음료수 캔도 원기둥이고, 바퀴도 원기둥이지요. 원기둥 형태는 보관용으로 활용돼요. 바닥 면이 평평해서 똑바로 세울 수도 있고, 여러 개를 쌓을 수도 있기 때문이에요.

원기둥을 잘라서 펼치면 1개의 직사각형과 2개의 원을 볼 수 있어요.

원주(원둘레) 등

원주는 원의 둘레, 그러니까 원의 가장자리를 따라서 움직이는 전체 길이를 측정한 값이에요.
원호는 원주의 한 부분을 말해요.

수학자들은 원주를 원의 **지름**으로 나눈 값을 **파이**(pi, π, 56쪽 참고)라고 불러요.

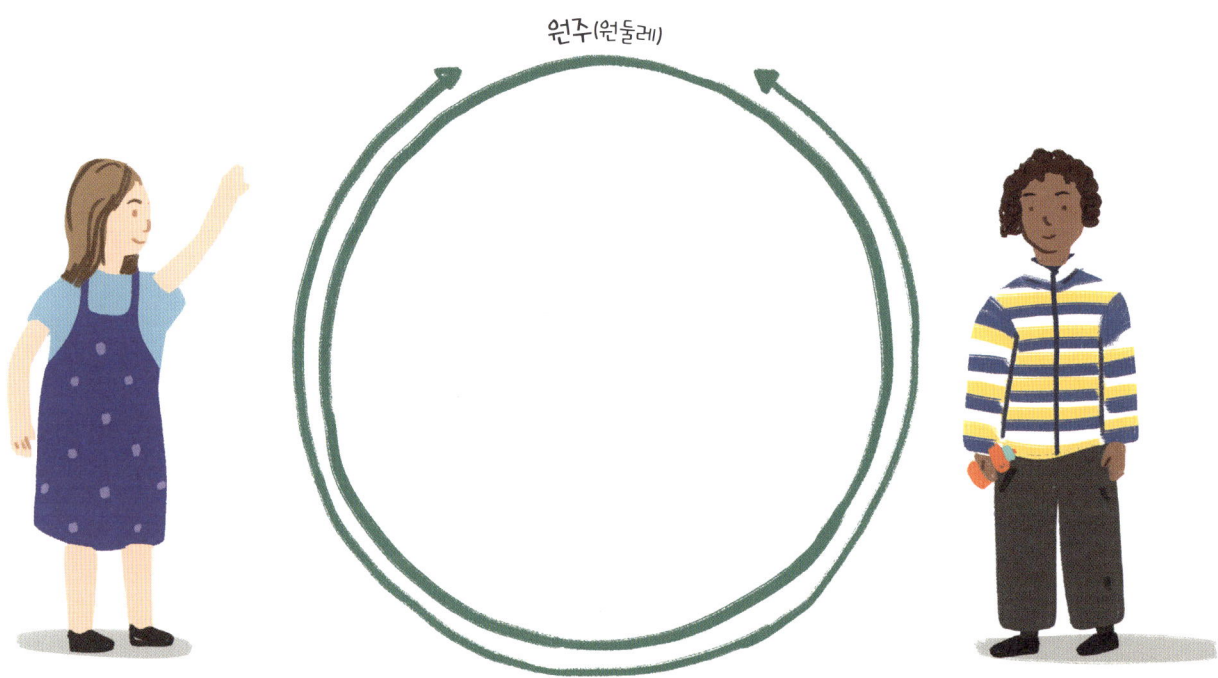

반지름

원의 **반지름**은 원의 중심과 원의 가장자리 또는 원의 둘레 사이의 거리예요. 반지름은 지름 길이의 절반이에요. 수학자들은 원의 반지름 길이를 r로 표현한답니다.

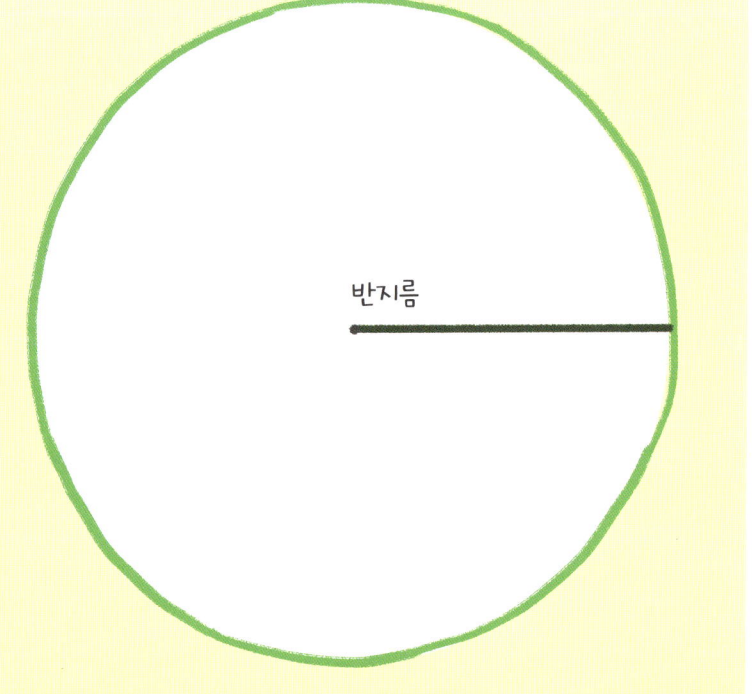

지름

지름

원의 지름은 한쪽 가장자리에서 출발해서 원의 중심을 가로질러 반대편 가장자리에 이르는 거리를 말해요. 지름은 반지름 길이의 두 배가 돼요.

현

현은 원주 위에 있는 두 개의 점을 연결하는 직선이에요. 지름은 현의 한 종류로, 가장 긴 현이 되지요. 원의 가장자리 한 점에서 원의 중심을 지나 반대편 가장자리에 닿는 현이기 때문이에요.

현

기하학

파이(원주율)

파이는 특별한 숫자랍니다. 그리스 알파벳의 π 기호를 사용해서 표시하지요.
이 문자는 둘레를 뜻하는 그리스어의 첫 글자예요.
파이는 원의 지름에 대한 원주(원의 둘레의 길이)의 비율이에요.
원의 크기에 상관없이 모든 원의 원주는 그 지름의 약 3.14배예요. 바로 '약 3.14'가 파이 값이 돼요.

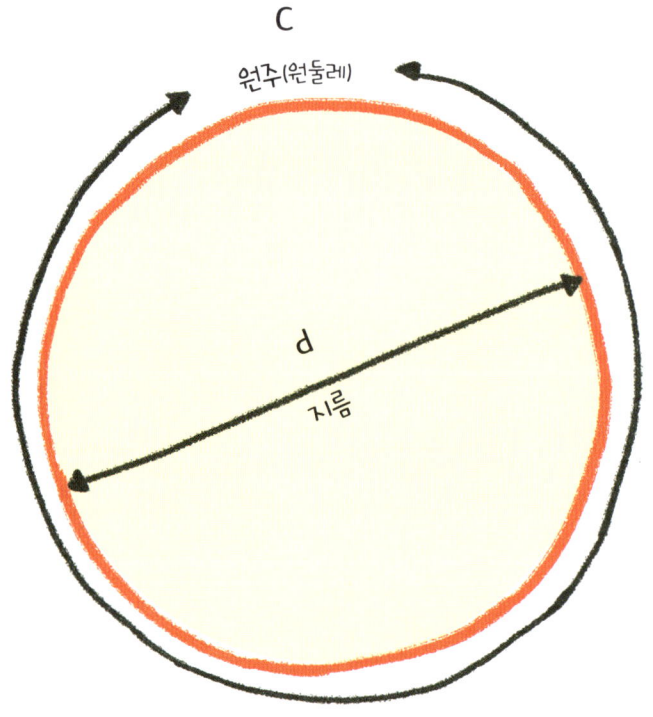

π 파이(π)를 얻는 수식

파이(π)는 원주(c)를 지름(d)으로 나눈 값이라는 것을 수식으로 이렇게 나타낼 수 있어요.

$$\pi = \frac{c}{d}$$

π 무한히 긴 숫자

파이(π)는 끝이 없는 숫자예요. 소수점 이하로 숫자들이 계속돼요.
이 값은 3.1415926535897932384626433으로 시작해 영원히 이어져요.

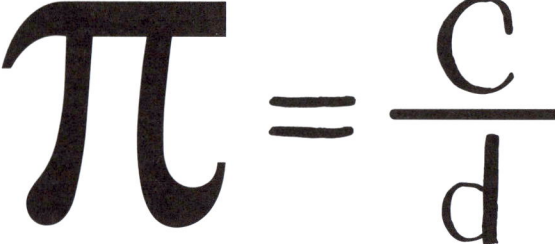

π 파이(π)를 탐구한 사람

기원전 1550년경 이집트 학자인 아메스(Ahmes)는 린드 파피루스라고 불리는 문서에 파이의 근삿값을 적어 놓았어요.

바빌로니아인들도 파이를 토론하고 탐구했어요. 긴 밧줄로 엄청나게 큰 원을 그려 원주와 지름을 측정하고 그 값을 계산해 보았답니다.

π 파이(π)가 쓰이는 곳

천문학에서 파이(π)는 **궤도**를 계산하는 데 사용돼요. 원의 면적을 계산할 때도 사용하지요. 원의 면적(A)은 반지름(r)의 제곱에 파이를 곱한 값이에요.

$A = \pi r^2$

π 아르키메데스와 파이(π)

기원전 250년, 그리스 수학자 아르키메데스는 한 원에 내접하는 96각형(변이 96개)을 이용해서 파이 값을 구하려고 했어요. 내접한다는 것은 원 안에서 어떤 다각형의 꼭짓점이 원주에 모두 닿는 것을 말해요. 그리스·로마의 과학자 프톨레미는 150년경 파이 값으로 3.1416을 제시했어요. 서기 500년에 이르러 중국의 조충지를 비롯한 학자들이 16,384각형을 사용해서 좀 더 정밀한 값을 계산해 냈답니다.

π 점점 더 정확하게

페르시아 천문학자 잠시드 알-카시(Jamshid Al-Kashi)는 1424년에 16자리의 좀 더 정확한 파이 값을 산출했어요. 1621년 네덜란드 과학자 빌레브로르트 스넬리우스(Willebrord Snellius)는 34자리의 파이 값을 계산했고, 1630년 오스트리아의 천문학자 크리스토프 그리엔베르거(Christoph Grienberger)가 38자리에 이르는 파이 값을 계산했어요. 오늘날에는 파이 값을 **인공지능**으로 계산할 수 있지만, 물론 그 값은 여전히 무한히 계속되는 숫자랍니다!

사각형(사변형)과 직육면체

사변형은 직선형 변 4개로 이루어진 도형이에요. 사변형의 '사'는 숫자 4를 의미하고, '변'은 변(면)을 의미해요. 모든 사변형의 내각(각 모서리가 이루는 안쪽 각도)의 합은 360도가 돼요(62쪽 참조). 사변형과 **직육면체**는 상당히 견고하고 서로 잘 들어맞아서 건축 분야에서 많이 사용되는 중요한 도형이에요.

 ### 평행사변형

평행사변형은 두 쌍의 **평행**한 변을 가진 사변형이에요. 마주 보는 변의 길이는 같아야 해요. 평행사변형은 4개의 변과 4개의 **꼭짓점**(변과 변이 만나는 곳)으로 구성된답니다.

정사각형

정사각형은 평행사변형의 특별한 종류예요. 4개의 변과 4개의 각도(내각)가 모두 같지요.

정사각형은 4개의 변이 모두 같은 2차원 도형이에요. 마주 보는 변들이 평행을 이루고, 모든 변의 길이가 같아요. 정사각형의 각 모서리 또는 꼭짓점은 직각(90도)을 이루어요.

 ## 직사각형

직사각형도 평행사변형의 한 종류예요. 이것은 두 쌍의 변이 각각 같은 길이를 갖는 2차원 도형이에요.

정사각형과 같이 각 모서리 또는 꼭짓점은 직각(90도)을 이루어요.

 ## 직육면체

직육면체는 3차원 도형이에요. 대부분의 상자는 직육면체예요. 직육면체는 6개의 직사각형 면으로 이루어져 있고, 모든 모서리가 이루는 각도가 직각이에요. 직육면체는 그 길이를 따라서 절단한 단면이 모두 같은 직사각형 각기둥(프리즘)이기도 해요. 그래서 직육면체를 (한쪽 면과 같은 방향으로) 잘라도 여전히 똑같은 모양을 볼 수 있지요.

 ## 정육면체

정육면체는 모든 변의 길이가 같은 직육면체예요. 직육면체와 같이 정육면체도 6개의 면과 12개의 변으로 이루어져 있어요. 또 8개의 꼭짓점을 갖지요. 각 꼭짓점에서는 3개의 변이 만나요. 정육면체는 하나의 정다면체(플라톤 입체)랍니다. 다시 말해, 모든 면이 똑같은 정다각형이고, 각 꼭짓점에서는 똑같은 수의 다각형이 만나요.

 # 삼각형

삼각형은 매우 튼튼한 도형이며 정사각형, 정육면체, 직육면체와 마찬가지로 건축이나 건설에서 자주 사용되어요. 특히 건물 지붕에서 삼각형을 자주 볼 수 있는데, 견고한 모양이지만 측면이 기울어져 있어서 비와 눈이 흘러내릴 수 있지요. 즉, 물 때문에 지붕이 손상될 가능성을 줄여 주어 비용도 절약할 수 있게 해 주지요!

삼각형

삼각형은 3개의 직선형 변과 3개의 꼭짓점으로 이루어져 있어요. 삼각형의 모든(3개) 내각의 합은 180도랍니다(62쪽 참조).

삼각형에는 다음과 같은 종류가 있어요.

정삼각형(등변 삼각형)

정삼각형은 모든(3개) 변의 길이가 같고 모든(3개) 각도가 같아요. 삼각형의 내각을 모두 합하면 180도가 되므로 각각의 각도는 60도예요.

이등변 삼각형

이등변 삼각형은 두 개의 변의 길이가 같고, 밑각이라고 부르는 두 내각의 크기가 같아요.

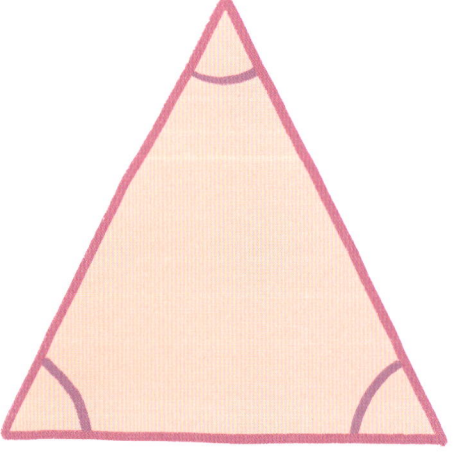

부등변 삼각형

부등변 삼각형은 세 변의 길이가 모두 다르고 세 내각의 크기도 모두 달라요. 그러나 모든 내각(3개)의 합은 여전히 180도예요.

직각 삼각형

직각 삼각형에서는 3개의 내각 중 하나가 90도이므로, 나머지 두 내각의 합은 90도가 되어요. 삼각형의 내각의 합은 언제나 180도여야 하기 때문이에요.

각뿔

각뿔은 4개의 삼각형 면을 가진 3차원 도형이에요. 각뿔의 밑면은 사각형이나 삼각형이 될 수 있어요. 밑면이 사각형인 사각뿔은 5개의 면과 5개의 꼭짓점, 8개의 변을 가져요.

밑면이 삼각형인 삼각뿔은 4개의 면과 4개의 꼭짓점, 6개의 변을 가져요.

그냥 궁금해요

같은 변을 가진 삼각뿔을 사면체라고 해요.

삼각기둥

삼각기둥은 3차원 입체도형이에요. 3개의 옆면은 평행사변형이고 반대쪽 끝부분 모양은 삼각형이에요. 몇몇 텐트는 삼각기둥 모양이랍니다.

각도

두 직선이 만나는 곳에서는 각도가 만들어져요. 각도는 '도(°)' 단위로 측정해요. 완전한 한 바퀴 회전(팔을 쭉 뻗고 완전한 원을 그리며 회전했다면)은 360도(°)가 돼요.

각도기

각도는 '각도기'라고 하는 도구로 측정할 수 있어요. 180도(°) 각도기나 360도(°) 각도기가 있어요.

다양한 각도가 있어요.

 ### 직각

직각은 정확히 90도(°)예요. 직각은 수학적 도표에서 정사각형으로 표시해요. 그래서 그것이 직각임을 금방 알 수 있지요.

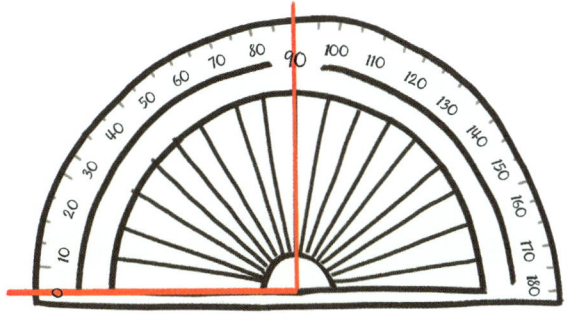

 ### 예각

예각은 90도(°)보다 작은 각도예요. 직각보다 작은 것이지요.

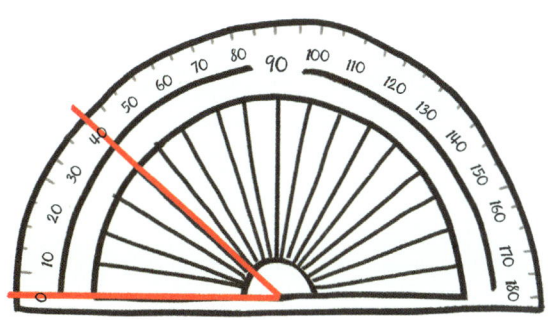

 ### 둔각

둔각은 90도(°)와 180도(°) 사이의 각이에요.

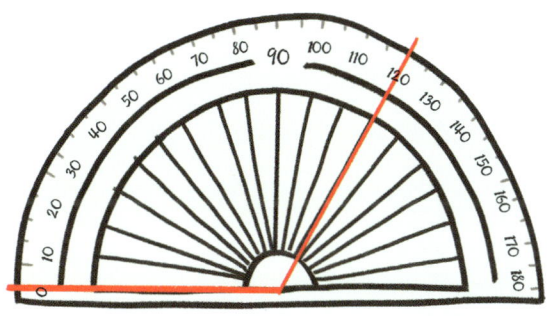

 ### 평각

평각(직선 각도)은 정확히 180도(°)예요.

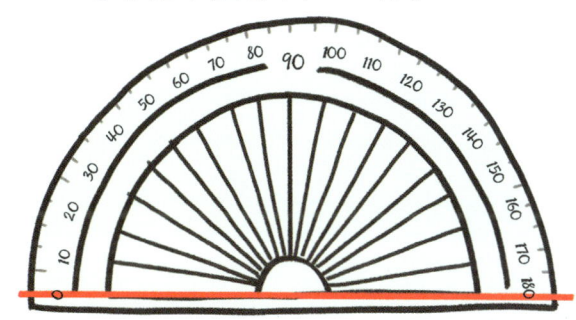

 ### 요각

요각은 180도(°)와 360도(°) 사이의 각이에요.

수학자들은 각도를 표시할 때 각도 안쪽에 곡선을 그려 넣어요 (90도(°)인 경우에만 예외로 정사각형으로 그려요).

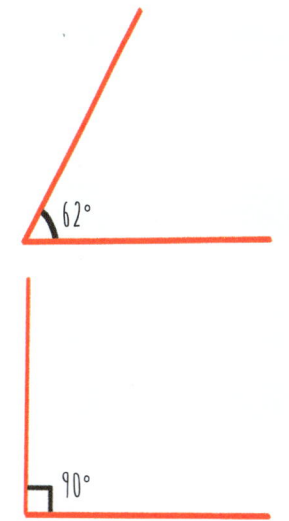

대칭

수학에서 어떤 도형이 대칭을 이룬다고 할 때는 그 도형의 한쪽 부분이 나머지 다른 부분과 똑같아 보인다는 의미예요. 대칭에는 **반사 대칭**이나 **회전 대칭** 등 다양한 종류가 있어요.

반사 대칭

반사 대칭은 선대칭 또는 거울 대칭이라고도 해요.

만약 한 도형의 중심축을 관통하는 선을 그려서 그 선을 중심으로 양쪽이 똑같다면, 다시 말해 서로 반사 모양이 된다면 그 도형은 반사 대칭을 가지는 거예요. 나비는 반사 대칭을 가지고 있어요.

작고 곧은 모서리가 있는 안전 거울을 가지고 여러 그림의 거울 대칭을 찾아보는 것도 재미있어요.
거울 하나를 준비해서 아래 그림들의 나머지 절반을 보세요. 거울 모서리를 점선에 맞춰 올려놓고 무슨 일이 일어나는지 봐요!

◎ 다중 대칭선

모든 정다각형은 최소한 하나의 대칭선을 가지고 있어요. 어떤 도형은 여러 개의 대칭선을 가져요.

종이 위에 옆의 도형들을 똑같이 그리고 잘라서 그 도형의 대칭선을 탐구해 봐요. 잘라 낸 도형에 대칭선이 만들어지도록 반으로 접어 보세요. 접은 도형을 다시 펴서 연필로 선을 그어 보세요. 이렇게 계속해서 모든 대칭선을 찾아낼 수 있어요.

◎ 회전 대칭

하나의 도형을 360도보다 작은 각도로 회전하였을 때 원래 모양과 똑같이 나타나면 그 도형은 회전 대칭을 가지고 있는 거예요.

왼쪽 도형은 회전 차수가 3이에요. 회전해도 똑같이 보이는 3개의 회전 위치가 있기 때문이에요.

 # 테셀레이션

주방이나 욕실 벽에는 타일이 붙어 있어요. 그 패턴은 **테셀레이션**(쪽매맞춤)의 한 예랍니다!
테셀레이션은 서로 빈틈없이 딱 들어맞는 2차원 도형들의 패턴이에요.

정사각형, 정삼각형, 정육각형은 모두 서로 완벽하게 맞물리므로 테셀레이션이 돼요.
테셀레이션의 각 조각은 모두 같은 도형일 필요는 없지만, 서로 빈틈없이 딱 맞아야 해요.
테셀레이션의 핵심은 한 꼭짓점에 모인 모든 각도의 합이 360도가 된다는 거예요.

정규 테셀레이션

정규 테셀레이션에서는 모든 구성 도형이 동일한 정다각형이어야 해요. 아래 그림인 쪽모이(패치워크)에 있는 정육각형처럼 말이에요.

그냥 궁금해요

테셀레이트(Tessellate)라는 단어는 모자이크 타일을 이루는 작은 조각을 뜻하는 라틴어 테셀라(tessellar)에서 유래했어요.

정규 테셀레이션은 한 가지 정다각형으로만 이루어져야 하기에 정사각형, 정삼각형, 정육각형의 테셀레이션 3가지가 전부예요. 모든 꼭짓점에서 패턴이 동일해야 하지요.

아래 그림인 정규 테셀레이션의 패턴은 6.6.6이에요. 각 꼭짓점에서 3개의 정육각형이 만나고 정육각형은 6개의 변을 갖고 있기 때문이에요.

준정규 테셀레이션

왼쪽 그림의 바닥 타일은 준정규 테셀레이션의 한 예시예요.

준정규 테셀레이션에서는 두 종류 이상의 정다각형들로 테셀레이션을 만들 수 있어요. 하지만 각 꼭짓점에서의 패턴은 반드시 같아야 해요. 테셀레이션에 '이름'을 붙이려면 한 꼭짓점에서 맞닿아 있는 각 다각형이 가진 변의 개수를 순서대로 써 내려가면 돼요. 항상 변의 개수가 가장 적은 다각형부터 시작해요. 왼쪽 그림은 3.3.4.3.4 패턴의 준정규 테셀레이션이랍니다.

테셀레이션 종류

테셀레이션에는 다양한 종류가 있어요. 대칭(반사) 이동은 도형을 거울에 반사된 것처럼 뒤집어서 반복해요. 회전 이동은 도형을 한 점을 중심으로 회전시켜 반복해요. 평행 이동은 도형을 일정한 거리만큼 옮겨서 반복해요.

알고 있나요?

네덜란드의 판화가 에셔(M.C. Escher)는 그의 수많은 작품에서 테셀레이션을 사용해서 극적인 효과를 끌어냈어요. 특이한 패턴으로 착시를 일으켰지요.

자연 속의 테셀레이션

자연에서 나타나는 테셀레이션도 매우 매혹적이에요. 벌집, 거북 등껍질, 기린의 피부 무늬는 모두 테셀레이션 패턴을 보여 줘요.

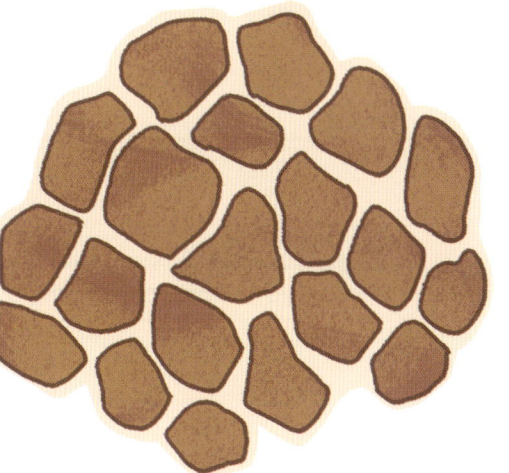

4장 측정

우리는 물건의 무게와 크기를 알아보려고 측정을 해요. 시간이 얼마나 지났는지 알기 위해서도 측정을 하지요. 여러 가지 측정은 우리 생활을 체계적으로 관리하게 해 줘요.

시간을 측정하기 위해 달력이나 시계를 사용하지요.

우리는 표준화된 척도를 이용해서 여러 가지를 측정해요. 여러분이 일본 도쿄에 있는 한 가게에서 1파운드 또는 1킬로그램의 견과류를 샀다면, 그것은 영국 런던에 있는 한 가게에서 산 1파운드 또는 1킬로그램의 견과류와 같은 무게일 거예요. 우리는 모두 파운드나 킬로그램이 무엇을 의미하는지 잘 알고 있어요.

여러분이 세계 어느 곳에 있든 하루는 24시간이에요. 표준 시간대는 전 세계적으로 다르지만, 이것을 알면 사람들이 함께 회의를 준비하고 계획을 조정하는 데 도움이 돼요. 수업일, 근무 시간, 버스와 기차의 시간표 등 우리 생활을 관리하기 위해서 시간을 측정하는 일이 필요해요.

 # 비표준 측정

비표준 측정은 눈금자나 저울 대신에 손 한 뼘이나 연필 등을 사용해서 측량하는 방식을 말해요.
이는 대략적인 측정값을 알려 주고, 물건들을 서로 비교할 수 있도록 해 줘요.
그러나 아주 정확하지는 않아요.

초기 역사에서 사용된 측정법

사람들은 인류 역사가 시작된 이래로 무언가를 측정해 왔어요. 그러나 처음부터 눈금자나 시계가 있었던 것은 아니에요. 적어도 우리가 아는 한은요. 고고학적 발굴로 초기 인류가 탤리스틱(눈금 막대)을 가지고 시간의 경과 같은 것을 측정했음을 암시하는 증거를 찾았어요. 기록에 남아 있는 최초의 측량 장치는 메소포타미아, 이집트, 인더스 계곡 등의 고대 문명에서 발견되었어요. 지역에 따라 농업, 건축, 무역 분야에서 다른 측정법을 사용했지요. 오늘날 우리가 사용하는 전 세계적으로 '표준화된' 측정 수단은 아직 없었어요.

비표준 측정

눈금자 없이도 물건을 측정할 수 있어요. 테이블과 벤치를 측정해야 하는데 눈금자가 없다고 상상해 보세요. 여러분은 손 한 뼘 단위로 측정하거나 연필 같은 물건을 가지고 측정할 수도 있어요.

연필들을 끝과 끝을 붙여 사이에 빈틈이 없도록 놓아요. 테이블은 10개의 연필에 해당하는 길이와 6개의 연필에 해당하는 너비를 가질 수 있어요. 같은 방법으로 벤치를 측정했는데, 그 길이는 연필 5개, 너비는 연필 3개였다면, 정확하게 몇 센티미터 또는 몇 인치인지는 몰라도 테이블과 벤치의 크기를 비교할 수는 있을 거예요(벤치의 길이와 너비는 테이블의 길이와 너비의 절반).

큐빗과 부셸

고대 이집트와 로마에서는 종종 큐빗 단위로 길이를 쟀어요. 장소에 따라서 조금씩 달랐지만, 주로 가운뎃손가락 끝에서 팔꿈치까지, 손으로 두 뼘 정도 되는 길이로 측정했어요. 옥수수알이나 밀가루 같은 물건들은 부피(용량)로 측정했어요. 즉, 그릇에 딱 맞추어 담은 씨앗의 양을 기준으로요. 중세 유럽에서 사용한 부피의 측정 단위는 주로 부셸이었어요.

그냥 궁금해요

캐럿은 오늘날에도 여전히 보석을 측정하는 단위로 사용되고 있어요. 원래의 측정 단위는 캐럽(carob) 나무 씨앗 1개의 무게였지요.

신체를 사용한 측정

영국의 왕 헨리 1세는 자신의 팔을 앞으로 쭉 뻗은 상태에서 자신의 코에서부터 엄지손가락까지의 거리를 '야드(yard)'라는 길이의 단위로 정했어요! 하지만 모든 사람의 팔의 길이가 같지 않기 때문에 이 측정법도 비표준적이에요. 사람들은 또한 발의 길이나 손가락의 너비로 물건을 측정하기도 했어요. 이것도 정확하지 않아요. 가족이나 친구들만 봐도 발과 손가락의 크기가 다 똑같지는 않으니까요.

학교에서 배우는 비표준 측정법

어린이들은 비표준 측정으로 길이나 무게를 측정하는 방법을 먼저 배워요. 사물을 정밀하게 측정한다는 것은 어려운 일이니까요. 학교에서는 비표준 측정법을 사용해서 '더 가벼운', '더 무거운', '더 긴', '더 짧은' 등의 개념을 가르쳐요. 여러분도 이런 방법으로 측정에 대해 배운 것을 기억하나요?

 # 표준 측정

표준 측정은 전 세계 어디에서나 정확히 동일한 측정법이에요.
그것은 절대 변하지 않으며, 눈금자, 저울, 시계, 온도계 등의 도구로 정확하게 측정해요.

왜 표준 측정법을 사용할까요?

전 세계 사람들이 서로 거래를 하기 시작하면서 누구나 이해할 수 있는 측정법이 필요했어요.
한 나라 사람들이 다른 나라 사람들과 거래를 할 때 그들이 말하는 무게와 측정치를 알아야 했기에
지역적이거나 비표준인 측정법은 적절하지 않았어요.

초기의 '표준' 측정

고대 이집트, 로마, 그리스 사람들은 '발'을 측정 단위로 사용했어요. 그러나 발의 길이는 각기 다르기에 표준 측정은 아니었어요. 로마인들은 '마일(mile)' 또는 '밀레 파수스(mille passus, 1천 걸음(보))'라는 측정 단위를 도입했어요. 로마의 마일 단위는 로마 군대가 브리타니아(오늘날 영국)를 점령하면서 유럽 전역으로 퍼져 나갔답니다.

1로마 마일은 5,000로마 피트(약 4,859피트 또는 1,481미터)였어요. 1500년대에 엘리자베스 1세 여왕은 영국에서 1마일의 길이는 5,280피트라고 법으로 정했어요.

 **그냥 궁금해요**

표준 측정법이 제대로 도입되기 전에는 다양하고 이상한 측정법들이 사용되었어요. 한 뼘, 손가락, 손톱, 막대, 장대, 횃대 등을 측정에 사용했지요.

대영 제국과 미국의 측정법

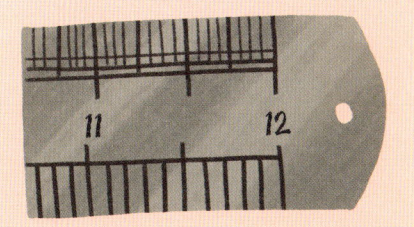

잉글랜드 단위계(야드파운드법)는 대영 제국(영국과 영국이 다스리던 식민지 전체)에서 사용된 표준 측정법이에요. 1824년에 제정된 영국 도량형법은 영국이 관할하는 모든 곳에서 쓰였어요. 잉글랜드 단위계는 미국에서 사용하는 단위계와 비슷해요. 두 체계 모두 중세 영국식 측정법에 기초를 두고 있기 때문이지요.

지난 세기에 영국을 비롯한 대부분의 나라에서는 측정법을 미터법 체계로 바꾸었어요(아래 미터법 단위 참고). 하지만 미국은 여전히 파운드나 온스 같은 미국 관용 단위계를 쓰고 있어요.

잉글랜드 및 미국 단위계

길이: 인치(inch), 피트(feet), 야드(yard), 마일(mile)
무게: 온스(ounce), 파운드(pound)
부피: 액량 온스(fluid ounce), 질(gill), 파인트(pint), 쿼트(quart), 갤런(gallon)
면적: 에이커(acre), 헥타르(hectare)
온도: 화씨온도(°F)

미터법 측정

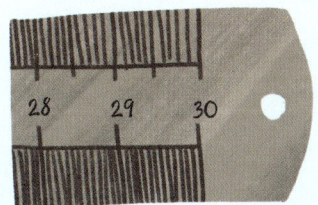

미터법은 1799년에 프랑스에서 채택되었어요. 이것이 20세기 말 전 세계에서 가장 널리 사용되는 지배적인 체계가 되었답니다. 국제단위계는 1960년 국제 도량형 총회에서 합의된 현대적 미터법 체계를 말해요. 국제단위계는 미국, 라이베리아, 미얀마를 제외한 전 세계 국가에서 채택되었어요.

미터법 단위

길이: 밀리미터(mm), 센티미터(cm), 미터(m), 킬로미터(km)
무게: 그램(g), 킬로그램(kg)
부피: 밀리리터(ml), 리터(l)
면적: 제곱센티미터(cm^2), 제곱킬로미터(km^2)
온도: 섭씨온도(°C)

길이와 거리의 측정

우리는 2차원 도형의 측정값을 가로 길이(너비)와 세로 길이(높이)로 표시해요.
길이는 단일 방향의 치수로 측정돼요. 예를 들어 선의 길이처럼요.
거리는 두 점이나 두 물체의 사이를 측정한 값이에요.

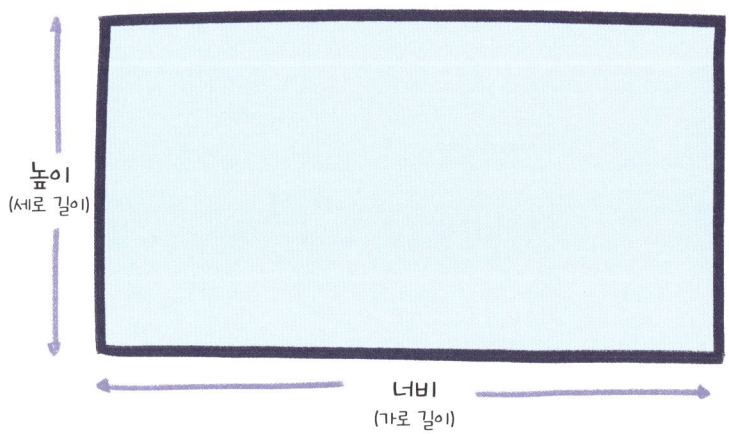

 ## 잉글랜드 및 미국 단위계의 길이 단위

길이는 인치(in), 피트(ft), 야드(yd), 마일(mi) 등으로 측정해요. 인치는 작은 것들, 이를 테면 연필, 지우개 같은 것을 측정하는 데 사용해요. 피트, 야드, 마일 등은 더 큰 것들, 가령 집과 학교와 같이 두 장소의 거리를 측정하는 데 사용된답니다.

 ## 길이를 재는 도구

눈금자나 줄자는 작은 물건을 측정할 때 사용해요.

짧은 거리(정원이나 건축 현장에서)는 거리 측정 바퀴(휠)나 레이저 측정기로 측정해요.

자동차 계기판에 있는 주행 거리계예요. 자동차가 주행한 거리를 표시해 주지요.

길이의 미터법 단위

미터법 도량형 체계에서는 등가의 측정값을 계산하기가 쉬워요. 예를 들면, 1미터(m)는 100센티미터(cm)예요. '센트(Cent)'는 100을 나타내는 라틴어에서 유래했고, 'centi(센티)'는 '1/100'을 뜻해요. 그러니까 1미터가 몇 센티미터인지 쉽게 기억할 수 있을 거예요!

1킬로미터(km)는 1,000미터(m)에 해당해요. '킬로(Kilo)'는 1,000을 뜻하는 그리스어에서 유래한 것으로 1킬로미터(km)는 1,000미터(m)가 된다고 쉽게 기억할 수 있어요.

1 cm = 10 mm

1 m = 100 cm

1 km = 1,000 m

지도

축척에 맞게 그려진 지도는 두 점(위치) 사이의 거리를 계산하는 데 도움을 줘요. 지도의 축척은 지도상에서의 거리와 지표면에서의 실제 거리와의 비율을 말해요. 예를 들어, 미터법으로 1:50,000의 축척을 갖는 지도에서는 지도상의 1센티미터(cm)가 실제 거리로는 50,000센티미터(cm) 또는 500미터(m)와 같다는 것을 의미해요. 미국 단위계로 보면, 1:63,360의 축척은 지도상의 1인치(in)가 실제 거리로는 63,360인치(in) 또는 1마일(mile)과 같다는 것을 의미해요.

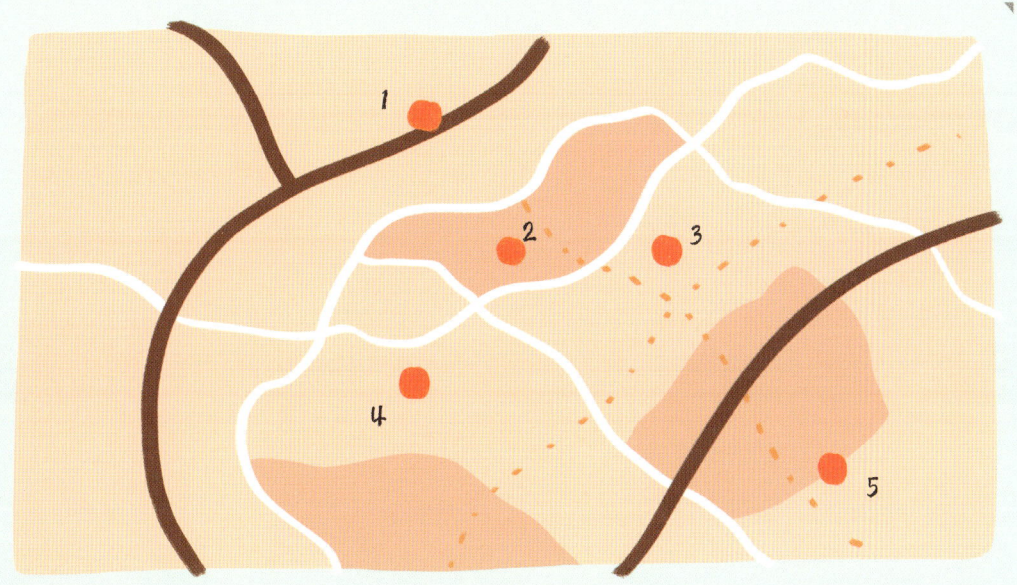

무게의 측정

무거운 물건이나 물건을 가득 채운 쇼핑백을 들어 본 적 있나요?
물건의 무게는 그 물건을 지구 중력이 끌어당기는 힘을 측정한 거예요.
중력은 물체가 서로 잡아당기는 힘이지요.
지구 중력은 여러분이 공중에 뜨지 않고 땅에 잘 붙어 있게 해 줘요.
중력은 물건을 떨어뜨리면 지구로(땅으로) 떨어지게 만드는 힘이에요.
중력은 '무거운' 물건에 더 강하게 작용해요.
무거운 물건을 들고 있기가 더 힘든 이유이지요!

 ## 질량

물체의 무게는 그 물체의 **질량**에 작용하는 중력을 측정한 값이에요. 지구에서는 물체의 질량과 무게를 동일하게 취급하며, 똑같은 단위로 측정해요. 크고 무거운 돌은 많은 질량과 큰 무게를 갖지요. 그 돌을 달에서 측정하면 질량은 똑같지만, 무게는 덜 나가요. 달에서의 중력이 더 작아서 그만큼 돌을 '끌어당기는' 힘이 강하지 않기 때문이에요.

 ## 무게 재기

저울은 무게를 온스(oz)나 파운드(lb) 단위로 측정한 값을 알려 줘요.
미터법에서는 무게를 그램(g)이나 킬로그램(kg) 단위로 나타내지요.

밀리그램(mg)은 아래 그림과 같은 작고 가벼운 물건의 무게를 측정하는 데 사용해요.

그램(g)이나 온스(oz)는 작은 물건의 무게를 재는 데 사용해요. 종이 클립 하나의 무게는 약 0.035온스(oz), 또는 1그램(g)이에요.

여러분은 무게가 약 3.5온스(oz) 또는 100그램(g)인 사탕 한 봉지를 살 수 있어요.

파운드(lb)나 킬로그램(kg) 단위는 감자 자루나 사람처럼 좀 더 큰 물건의 무게를 재는 데 사용해요.

미국 단위계의 '톤(t)'과 미터법의 '톤(t)'은 코끼리처럼 무거운 물건의 무게를 재는 데 사용해요.

 무게를 재는 도구들

저울을 사용해서 무게를 측정해요.

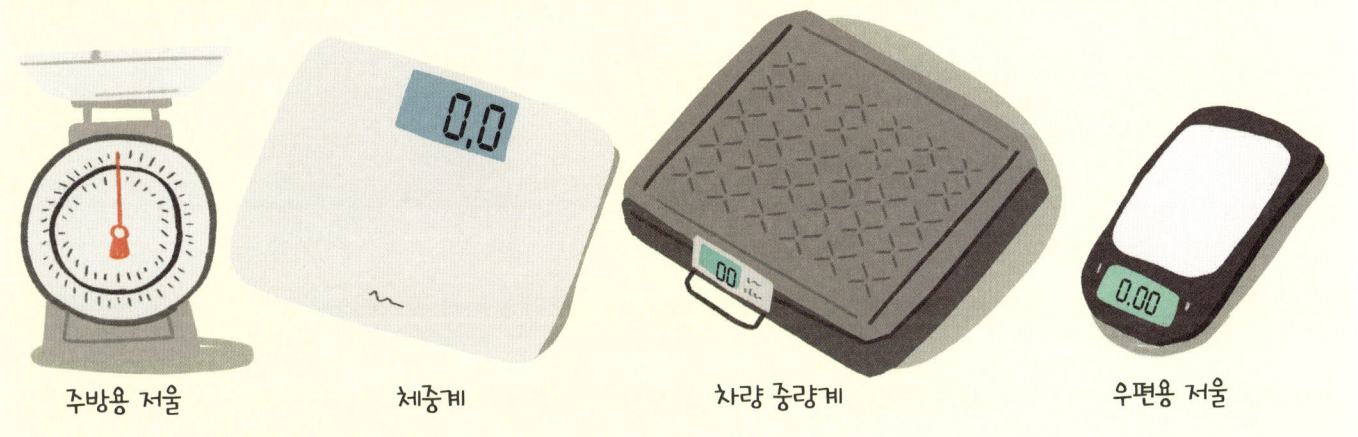

주방용 저울 · 체중계 · 차량 중량계 · 우편용 저울

 미터법 변환

1밀리그램(mg)은 1그램(g)의 1,000분의 1이에요. 다시 말해, 1그램(g)에는 1,000개의 밀리그램(mg)이 있어요.
1킬로그램(kg)에는 1,000개의 그램(g)이 있어요.
미터법으로 1톤(t)에는 1,000개의 킬로그램(kg)이 있고요.

? 그냥 궁금해요

만약 여러분의 몸무게가 지구에서 32킬로그램(kg)(70.5파운드(lb))이라면, 달에서는 5.3킬로그램(kg)(11.7파운드(lb))에 불과하지만, 목성에서는 약 77킬로그램(kg)(169.8파운드(lb))이 될 거예요. 바로 중력 때문이지요. 행성의 질량이 다 다르니까 행성마다 여러분의 몸무게가 달라지는 거예요. 목성은 거대한 행성으로 지구 중력의 약 2.4배에 달하는 중력을 가지고 있답니다.

면적

면적은 정사각형 단위로 측정돼요. 측정하고자 하는 영역 안쪽에 딱 맞게 들어갈 정사각형의 개수가 면적이에요. 수학에서는 도형의 면적을 측정해요. 실제 일상생활 속에서는 주택의 방, 카펫, 대지, 나아가 국가 전체의 면적을 측정해요!

면적 구하기

만약 여러분 집의 정원이 너비(가로 길이)가 7미터(m)이고 높이(세로 길이)가 5미터(m)인 직사각형이라면(미국에서라면 너비가 7야드(yd), 높이가 5야드(yd)라고 할게요), 너비와 높이를 곱해서 면적을 구할 수 있어요.
7 × 5 = 35이니까 정원의 면적은 35제곱미터(m^2)(미국이라면 35제곱야드(yd^2))이지요.

미터법에서 면적은 제곱센티미터(cm^2), 제곱미터(m^2), 제곱킬로미터(km^2) 단위로 측정돼요. 미국 단위계로는 면적 측정값이 제곱인치(in^2), 제곱피트(ft^2), 제곱마일(mi^2)이 되지요.

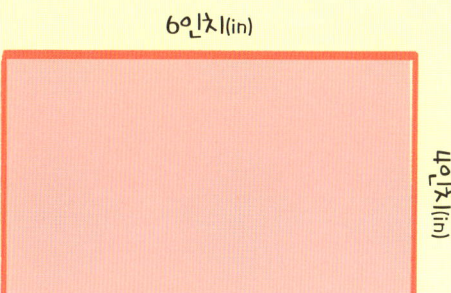

 ## 직사각형 면적 구하기

직사각형의 면적을 구하려면 그 너비와 높이를 곱하면 돼요.

면적(Area) = **너비**(width, 밑변 길이) × **높이**(height, 세로 길이)
A = w × h

왼쪽 그림의 직사각형 면적은 6인치(in) × 4인치(in) = 24제곱인치(in²)가 돼요.

 ## 정사각형 면적 구하기

정사각형은 직사각형의 일종인데, 모든 변의 길이가 똑같아요.
정사각형의 면적을 구하려면 두 변의 길이를 곱하면 돼요.

오른쪽 그림의 정사각형 면적은 5센티미터(cm) × 5센티미터(cm) = 25제곱센티미터(cm²)가 돼요.

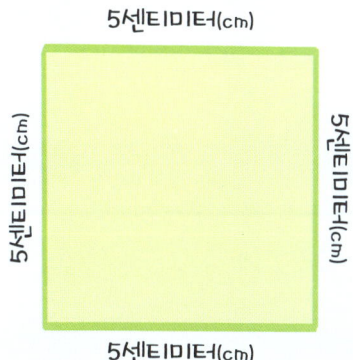

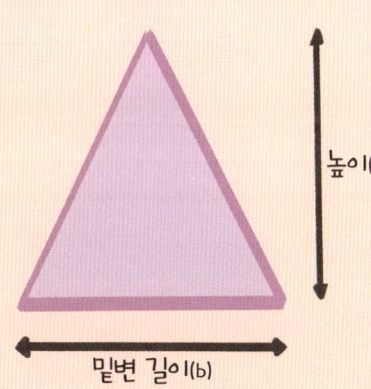

 ## 삼각형 면적 구하기

삼각형의 면적을 구하려면 그 밑변의 절반과 높이를 곱하면 돼요. 만약 밑변의 길이가 2인치(in)이고 높이가 4인치(in)인 삼각형이라면, 그 면적은 다음과 같이 구해요.
½ × 2인치(in) × 4인치(in) = 4제곱인치(in²)

공식은 다음과 같아요.

면적(Area) = ½ **밑변 길이**(base) × **높이**(height)   A = ½ × b × h

 ## 원 면적 구하기

원의 면적을 구하려면 파이 값(π)에 반지름(r)을 두 번 곱하면 돼요.

면적(Area) = **파이**(π) × **반지름**(radius) × **반지름**(radius)
A = π × r × r

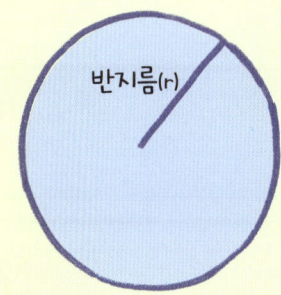

파이(π, 56쪽 참조)는 대략 3.14예요. 반지름이 2센티미터(cm)인 원의 면적을 구한다면 3.14 × 2 × 2 = 12.56제곱센티미터(cm²)가 돼요.

 # 부피와 용량

부피는 사물이 차지하는 공간의 양을 측정한 거예요. 주전자나 상자처럼 속이 빈 물체에는 부피를 가진 무언가를 담을 수 있어요. 예를 들어, 병에는 주스를 담을 수 있지요. 물체의 용량은 그것이 담을 수 있는 부피를 말해요.

주스나 우유 같은 것을 살 때는 부피를 계산해 보는 것이 유용해요.
의사는 환자의 신체 크기에 따라 처방할 약의 적정한 양(부피)을 계산해요.

 직육면체 부피 구하기

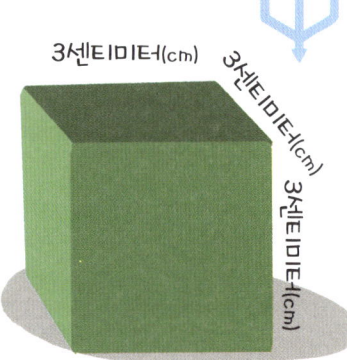

직육면체의 부피는 높이와 너비, 깊이(길이)를 측정해서 구할 수 있어요. 직육면체의 부피를 구하려면 길이와 높이와 너비를 곱하면 돼요.

$$V(부피) = 길이(length, 깊이) \times 높이(height) \times 너비(width)$$
$$V = l \times h \times w$$

왼쪽 직육면체의 부피는 27세제곱센티미터(cm^3)예요.

 부피와 용량의 측정 단위

미터법에서 부피와 용량은 세제곱센티미터(cm^3), 세제곱미터(m^3), 밀리리터(ml), 센티리터(cl), 리터(l) 단위로 측정해요.
미국 단위계로는 부피와 용량을 액량 온스, 파인트, 갤런 단위로 측정하지요.

그냥 궁금해요
부피가 1세제곱센티미터인 정육면체에는 1밀리리터의 액체를 담을 수 있어요.

용량과 부피의 차이를 생각해 봐요. 용량은 용기의 속성이에요. 용기 안쪽 공간을 측정한 것이지요. 부피는 그 용기 안에 담긴 액체의 양을 뜻해요.

 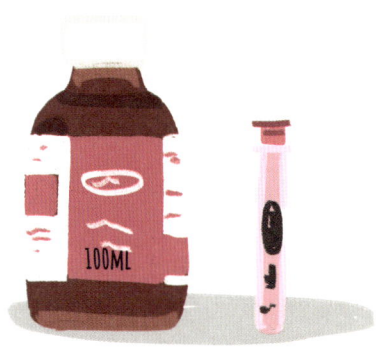

액체의 부피를 측정하는 도구들

주방에서는 계량컵과 계량스푼을 사용해서 액상(액체) 재료의 양(부피)을 측정해요.

과학 실험실에서는 눈금실린더, 플라스크, 비커, 피펫 등을 사용해서 액체의 부피를 측정해요. 주사기도 사용하지요.

가스 주사기는 실험에서 생성된 가스의 부피를 측정하는 데 사용할 수 있어요.

캠핑카에서 요리할 때 사용되는 가스(프로판 또는 부탄 등)는 가스통이나 가스탱크에 담겨 있어요. 가스의 부피는 리터나 갤런 단위로 표시되어 있지요.

분말의 부피

음식 재료로 쓰이는 가루 같은 것들은 계량스푼이나 계량컵으로 부피를 잴 수 있어요. 요리책 속의 레시피를 보세요. 설탕이나 소금이 한 티스푼 정도 필요하다는 말이 나와 있는지 확인해 봐요.

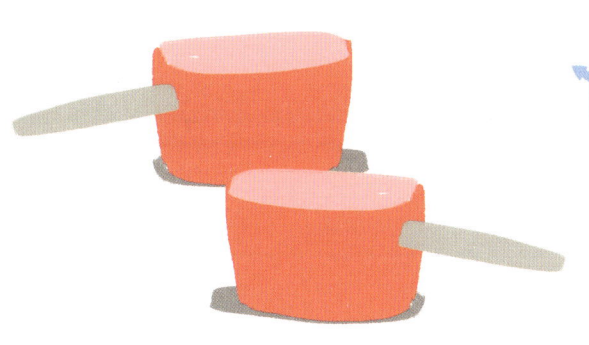

미터법 변환

1센티리터(cl)는 10밀리리터(ml)와 같고, 1리터(l)는 1,000밀리리터(ml)와 같아요. 1리터(l)는 100센티리터(cl)와 같답니다.

81

시간

과거, 현재, 미래의 일을 말할 때, 우리는 바로 시간에 대해 이야기하고 있는 거예요. 시간을 말하면 우리 일상생활을 잘 관리할 수 있게 된답니다. 시간은 우리가 언제 학교에 가야 하는지, 언제 잠자리에 들어야 하는지, 식사 시간이 언제인지도 알려 주거든요!

시간 측정 단위

시간은 초, 분, 시, 일, 주, 달, 년, 10년, 100년(세기), 1,000년 등의 단위로 측정해요.

시간 측정 도구

시간을 측정하는 도구는 손목시계, 스톱워치, 벽시계, 달력 등 아주 많아요.

시계 발명 전에 시간을 말해 주었던 것

옛사람들은 하늘에 있는 태양, 달, 별들의 이동을 관찰해서 시간의 경과를 표시했어요. 계절의 변화나 밝아지고 어두워지는 때를 살피기도 했고요. 이런 방법으로 시간을 말하는 것은 교역 여정, 사냥, 농경 및 축제일 등을 계획하는 데 도움을 주었어요. 시간의 흐름을 표시한 최초의 '시계'는 돌을 원형으로 배치한 것이었어요. 연중 내내 하늘에 있는 태양의 위치 변화로 한여름과 한겨울이 되었을 때를 표시했지요.

바빌로니아인이나 이집트인은 기원전 1500년 경에 최초의 해시계를 만들었던 것으로 전해져요. 이것들은 낮 동안 태양이 하늘을 가로질러 이동하는 것처럼 보이는 방식을 이용해 시간을 알려 주었어요. 그림자가 드리워지면서 시간의 흐름이 표시되었지요.

기원전 1900년경 고대 이집트인들은 네 개의 면을 갖는 오벨리스크라는 석탑을 사용해서 시간을 표시했어요. 그 그림자의 길이와 방향을 통해 시간과 계절의 변화를 알 수 있었지요.

물시계와 모래시계

물시계는 태양, 달 또는 별과 같은 천체를 사용하지 않고 시간의 흐름을 계산한 최초의 도구로 알려져 있어요. 물시계는 눈금이 표시된 하나의 그릇에서 다른 그릇으로 물이 흐르게 해서 시간을 표시했어요. 고대 그리스의 발명가 크테시비우스(Ctesibius)는 눈금판과 바늘이 있는 더욱 정교한 물시계를 고안했지요.

모래시계는 기원전 3세기에 그리스인들이 사용했던 것으로 추정돼요. 모래시계는 고대 로마 원로원에서 연설 시간을 측정하려고 사용했어요. 모래시계는 중세 유럽에서 널리 퍼졌는데, 모래가 담긴 두 개의 둥그런 유리 용기를 연결한 형태였어요. 모래가 한쪽 용기에서 다른 쪽 용기로 떨어질 수 있도록 뒤집게 되어 있었지요. 모래가 떨어지는 데는 항상 똑같은 시간이 걸리기 때문에 모래시계는 1시간과 같이 일정한 시간을 측정하는 데 유용해요.

'AM', 'PM', '24시간제' 시계

하루는 24시간이에요. 보통 12시간씩 두 구간으로 나누어져요. 첫 구간은 'AM(오전)'이에요. 라틴어 'Ante Meridian'에서 유래된 것으로 정오(낮의 중간) 이전을 의미한답니다. 자정(밤 12시)부터 다음 날 정오까지의 시간이에요. 두 번째 구간은 'PM(오후)'이에요. 라틴어 'Post Meridian'에서 유래되었어요. 정오부터 자정까지 진행되는 시간이지요. 이 시간 체계에서 1부터 12까지의 숫자들은 시간을 표기하는 데 사용돼요. 3am은 새벽 시간이고, 3pm은 오후 시간을 나타낸답니다.

24시간제 시계는 am과 pm을 사용하지 않아요. 대신 24시간 간격을 써요. 미국을 포함한 몇몇 나라에서는 이러한 24시간제 시간을 '군용 시간'이라고 불러요. 자정(00:00)부터 시작해서 24시간 순서로 이동하는 거예요. 오전 3시는 03:00시가 되고, 오후 3시는 15:00시가 되는 것입니다.

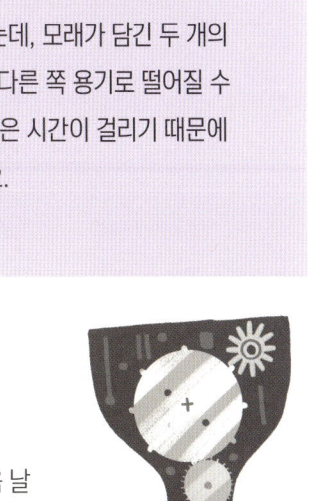

컴퓨터와 시간

여러분의 컴퓨터 화면 한 구석에 표시되는 시계는 아마도 여러분의 집에서 가장 정확한 시계일 거예요. 인터넷 시간 **서버**와 동기화된 것이기 때문에 매우 정확하지요. 컴퓨터의 '시계'는 컴퓨터가 제대로 작동하게 하고 업데이트 상태를 유지하도록 도와줘요. 그 '시계'는 모든 컴퓨터 기능의 타이밍과 속도를 조절하는 **마이크로칩**이에요.

달력

달력은 시간의 경과를 나타내요. 우리는 달력을 사용해서 일상생활을 관리하지요. 생일이나 기념일 같은 특별한 날짜를 달력에 표시하듯이 말이에요. 달력은 날짜와 주, 월(달)을 시간 순서에 따라 보여 준답니다.

초기 달력은 오늘날 우리가 벽에 걸어 두는 것과 같은 모습은 아니었어요. 대부분은 돌로 만들어졌는데, 아즈텍 달력은 돌로 조각된 아름다운 예술품처럼 보여요!

거석(큰 돌기둥)

거석은 고대의 석조 구조물이에요. 어떤 역사가들은 그 석조물의 배치가 천체의 움직임을 표시하며, 달력의 역할을 했다고 생각해요. 영국의 스톤헨지에 있는 원형으로 늘어선 거석들은 기원전 3,000년에서 기원전 2,000년 사이에 세워졌으며, 달력으로 쓰인 것으로 보여요. 특정한 몇몇 돌들은 연중 낮이 가장 긴 날과 가장 짧은 날에 일몰과 일출을 보여 주는 방향으로 세워져 있어요.

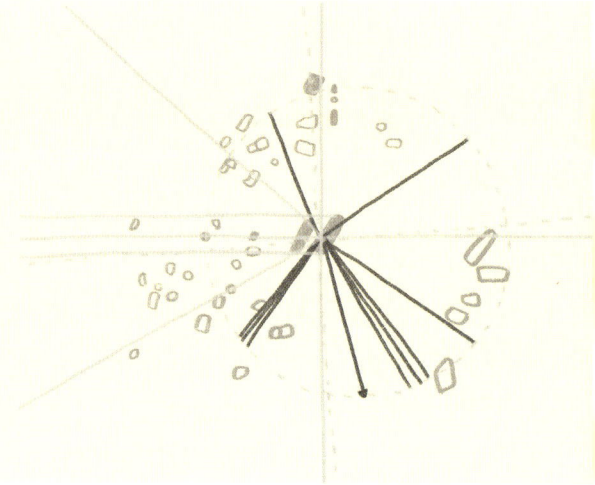

아즈텍 달력

아즈텍족은 14세기부터 16세기까지 멕시코 일부 지역을 다스렸어요. 그들은 나란히 달린 두 개의 달력을 함께 사용했어요. **태양력**인 시우포우알리(Xiuhpohualli)는 365일을 한 달에 20일씩 총 18개월로 나누었고, 연말에 남은 5일을 추가했어요. 이 달력은 한 해 농사짓는 기간 동안 하는 일들의 시기를 표시하기 위해 사용했어요. 두 번째 달력인 토날포우알리(Tonalpohualli)는 260일로 구성되었어요. 종교적 행사 시기를 표시하는 신성한 달력이었지요.

태음력

태음력은 달이 초승달에서 보름달로 변하고, 다시 초승달로 돌아오는 달의 월 주기에 맞춘 달력이에요. 달은 여러분이 바라보는 부분이 얼마나 태양을 향해 있느냐에 따라 밤하늘에서 그 모양이 변하는 것처럼 보여요. 우리에게 보이는 달은 태양 빛이 달에 반사된 부분이랍니다.

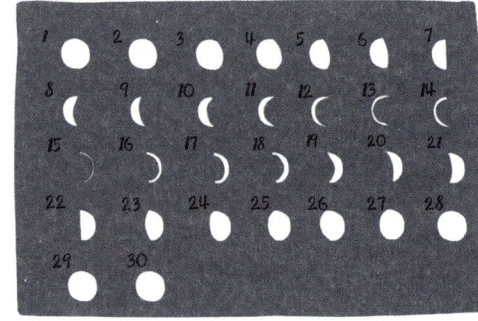

스코틀랜드의 워런필드에서 발견된 음력 달력은 기원전 8,000년경의 것으로 추정돼요. 이것은 12개의 구덩이로 되어 있어요. 이 음력 달력을 사용해서 사냥을 계획했던 것으로 여겨지지요. 오늘날 음력은 부활절, 로쉬 하샤나(유대교 신년제), 디왈리(힌두교 등명제), 구정(중국이나 우리나라의 새해), 라마단 등과 같이 종교적 행사나 명절을 정하는 데 여전히 사용되지요.

율리우스력

초기 로마 시대에는 10개월로 이루어진 태음력이 사용되었어요. 기원전 46년에는 로마 황제 율리우스 카이사르가 율리우스력을 도입했어요. 이 달력은 1년을 두 가지 유형으로 나누어요. 365일로 구성된 1년과 366일로 구성된 윤년이에요. 3년 주기로 **윤년**이 돌아오는 것이었지요. 365일로 구성된 달력은 실제 태양년(365.24일)과 정확하게 보조를 맞추지 못하기 때문에 400년마다 3일씩 빨라지게 되었거든요. 율리우스력은 로마 제국 전체로 퍼졌고, 그레고리력이 도입될 때까지 널리 사용되었어요. 동방 정교회에서는 아직도 율리우스력을 사용하고 있답니다.

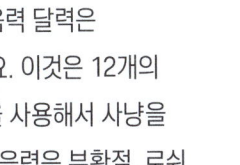

그레고리력

그레고리력은 1582년에 교황 그레고리우스 13세가 도입하였어요. 이것은 율리우스력을 개선한 것인데, 달이나 한 달의 길이를 변경하지는 않았어요. 다만 '연도가 정확히 100으로 나누어떨어지는 해는 윤년이 아니다(400으로 나누어떨어지는 해는 제외)'라는 아이디어가 추가되었답니다. 이렇게 바꾸어서 태양년과 보조를 맞출 수 있었지요. 그레고리력은 여전히 천문시와 약간의 오차가 있긴 해요. 하지만 7,070년마다 단 하루가 차이날 뿐입니다!

히즈리력(회교력)

대부분의 이슬람 세계에서는 그레고리력을 주로 사용하지만, 종교 행사(축제) 날짜를 계산하는 데는 태음력인 히즈리력을 사용해요. 히즈리력은 12개월로 구성되는데, 한 해가 354일 또는 355일로 이루어져요. 그레고리력으로 2021년은 히즈리력으로는 1442~1443년에 해당한답니다.

각 달(12개월)은 다음과 같이 불러요.

1. 무하람
2. 사파르
3. 라비 알-아우왈
4. 라비 알-싸니
5. 주마다 알-아우왈
6. 주마다 알-싸니
7. 라잡
8. 샤반
9. 라마단
10. 샤우왈
11. 둘 끼다
12. 둘 히자

중국력(태음태양력)

오늘날 중국은 그레고리력을 사용하지만, 명절을 표시하기 위해 전통적인 중국의 태음태양력(태양과 달에 의해 좌우되는)도 사용해요. 이 달력은 기원전 771년에서 기원전 476년 사이에 고안되었어요. 12년 주기를 따르고, 각 연도는 십이지신의 각기 다른 동물로 표현된답니다.

시간표 구성

수학을 이용한 시간표는 우리 일상생활을 정리하고 관리하는 데 도움을 줘요.
약속을 정하거나 여행을 계획하는 데에도 유용하게 쓰이지요.
달력, 시계와 함께 시간표는 우리가 알맞은 때에 알맞은 장소에 있는지 확인할 수 있도록 해 줘요.

학교 시간표

학교 시간표는 학생과 선생님이 하루 중 몇 시에 어떤 수업을 진행하는지 알 수 있게 해 줘요. 시간표가 없다면 다양한 활동을 계획하기가 어렵고, 사람들이 서로 다른 시간대에 장비를 사용하도록 순서를 정하기도 어려울 거예요. 예를 들어, 학교에는 대개 체육관과 강당이 하나씩 있지만 학년은 6개나 되잖아요. 시간표가 없다면 전체 학년이 체육관과 강당을 사용하기가 아주 혼란스러울 거예요! 이처럼 시간표는 사람들이 자원을 나누어 쓰며 함께 생활할 수 있도록 도와줘요.

여행 계획을 위한 시간표

버스와 기차는 운행 시간표가 있어요. 그게 없다면, 교통 체증이 생길 거예요. 또 사람들은 어딘가로 가기 위해 버스나 기차 같은 교통수단을 타려고 해도 언제 정류장이나 기차역으로 가야 하는지 알 수가 없을 거예요.

시간표 사용하기

시간표에 표기된 시간은 복잡해 보일 수 있지만, 일단 사용법을 알면 정말 편리해요. 옆의 버스 시간표를 보세요. 만약 타워 브리지에서 웨스트민스터로 가는 버스를 타려고 한다면, 버스 시간표 목록에서 타워 브리지를 찾아요. 그런 다음, 그 줄을 따라서 버스가 타워 브리지에 정차하는 시간을 보세요. 이 시간표에서는 8:48, 10:14, 11:59, 13:59에 정차한다고 나와 있어요. 타워 브리지 정류장에서 버스를 타려면 이 정차 시간 중 한 때에는 정류장에 가 있어야 해요. 버스는 기다려 주지 않으니까요!

버스 정류장	정차 시간			
세인트 폴 대성당	08:34	10:00	11:45	13:45
런던 타워	08:46	10:12	11:57	13:57
타워 브리지	08:48	10:14	11:59	13:59
더 샤드	08:56	10:22	12:07	14:07
테이트 모던	09:03	10:29	12:14	14:14
런던 아이	09:12	10:38	12:23	14:23
웨스트민스터	09:17	10:43	12:28	14:28
다우닝가	09:23			
버킹엄 궁전	09:30			

버스가 웨스트민스터 정류장에 도착하는 데 얼마나 걸리는지도 알 수 있어요. 시간표에서 웨스트민스터 정류장을 찾아요. 만약 타워 브리지에서 8:48에 버스를 탔다면 웨스트민스터에는 9:17에 도착할 거예요. 도착 시간(9:17)에서 출발 시간(8:48)을 빼면 29분이 걸린다는 것을 알 수 있어요.

최초의 시간표

최초로 간행된 기차 시간표는 1839년에 영국에서 발행된 <브래드쇼의 철도 시간표와 철도 여행 안내서>예요. 당시 영국에는 표준 시간이 없었기 때문에 모든 시간은 런던 지역시간으로 표기되었는데, 그것은 엑세터 지역 시간보다 18분 빨랐어요. 1880년 이런 문제를 해결하기 위해 영국 전역에서 표준화된 시간(그리니치 표준시)을 채택하였어요.

5장 수학과 과학

수학과 과학은 뗄 수 없는 관계예요. 수학이 없다면 실험 결과를 측정하거나 계산할 수 없겠지요.

수학은 어디에나 있어요. STEM은 과학(Science), 기술(Technology), 공학(Engineering), 수학(Mathematics)을 의미하는 약자예요. STEM 교육은 학교 수업에서 중요하게 다루는데, 다리 건설에서 향수 테스트에 이르기까지 다양하고 중요한 작업의 기초가 되기 때문이에요. 수학 없이는 과학, 기술, 공학이 잘 '작동'하지 못할 거예요. 재료를 측정하고, 각도를 계산하고, 길이를 재고, 프로젝트 시간을 측정하고, 문제를 해결하기 위한 **방정식**을 만들 방법도 없을 거예요.

수학이 없었다면 컴퓨터나 **인공지능**(AI)도 없었겠지요. 수학은 코딩에 사용되고 컴퓨팅은 반대로 수학을 돕기도 해요. **알고리즘**이라는 일련의 규칙은 컴퓨터로 구현되어 복잡한 수학적 문제를 해결하기도 한답니다.

로켓을 만들고, 로켓을 공중으로 쏘아 올릴 때 필요한 추력과 같은 **힘**을 계산하기 위해서도 수학의 도움이 필요해요. 수학이 없었다면 우주여행도 불가능하지요. 또한 산업을 위해서 발명되거나 제작된 기계도 없었을 거예요.

수학이 없었다면 우리가 아는 의학도 존재하지 못해요. 확률과 수집된 통계 및 데이터는 새로 개발된 약이 효과가 있는지 확인해 줘요. 또 수학은 사람들을 치료하는 수술의 효과를 계산하는 데도 필요하지요. 약의 복용량을 산출하기 위해서도 사용하고요. 수술 시간 동안 환자가 잠들어 있도록 투여하는 수면제의 적정량을 계산하는 데도 사용된답니다. 수학이 없었다면 의사가 환자의 질병을 진단하고 치료하기 위해 사용하는 엑스레이와 같은 장비도 없었을 거예요.

의학에서의 수학

의사, 간호사, 외과 의사는 사람들을 건강하게 하고
생명을 구하기 위해 매일 수학을 사용해요. 의료 전문가는 약을 처방할 때
용량을 계산하기 위해 수학을 사용하고, 우리는 그 약을
복용량에 맞추어 먹기 위해 수학을 사용해요.

처방전

의약품은 대부분 킬로그램(kg)당 밀리그램(mg)의 용량으로 투여돼요. 의사는 환자의 체중에 따라 필요한 복용량을 계산하기 위해 수학을 사용해요. 동물을 치료하는 수의사들도 같은 방식으로 처방을 해요.

의사는 필요한 복용량을 정확히 지키려면 하루에 몇 번 약물을 복용해야 하는지, 치료 과정에 몇 알의 알약이 필요한지 계산하기 위해 수학을 사용하지요.

또 의사는 환자가 복용한 약이 환자의 몸 안에서 얼마나 오래 남아 있는지 계산할 수 있어야 해요. 그래야 다음번 복용이 필요한 때를 알 수 있으니까요.
그렇게 하지 못하면 환자 몸 안에 너무 많은 약물이 남아 있게 되어 건강에 해를 끼칠 수 있어요. 환자의 몸 안에 들어간 약물의 양은 매시간 일정 비율로 줄어들어요. 이러한 감소는 시간별로 예측하고 측정할 수 있답니다.

엑스레이와 전산화 단층 촬영법(CT)

수학은 엑스레이나 전산화 단층 촬영법(Computerized Tomography, CT)처럼 스캔 영상을 제공하는 장비를 구축하고, 실행시키고, 판독값을 해석하는 데 사용돼요.

엑스레이는 우리 몸의 내부를 2차원 영상으로 제공해 주어서 부러진 뼈와 같은 것들을 보여 줘요. CT는 3차원 영상으로 제공해서 우리 뇌와 같은 조직 구조를 들여다볼 수 있게 하지요.

CT 스캐너는 다양한 각도에서 촬영해서 수백 개의 영상 정보를 만들어요. 그러면 컴퓨터가 수학적 알고리즘을 이용해서 수집된 영상들을 통합해 3차원 이미지로 만드는 것이지요. 의사는 그것을 보고 어떤 문제점이 있는지 확인하고 치료할 수 있어요.

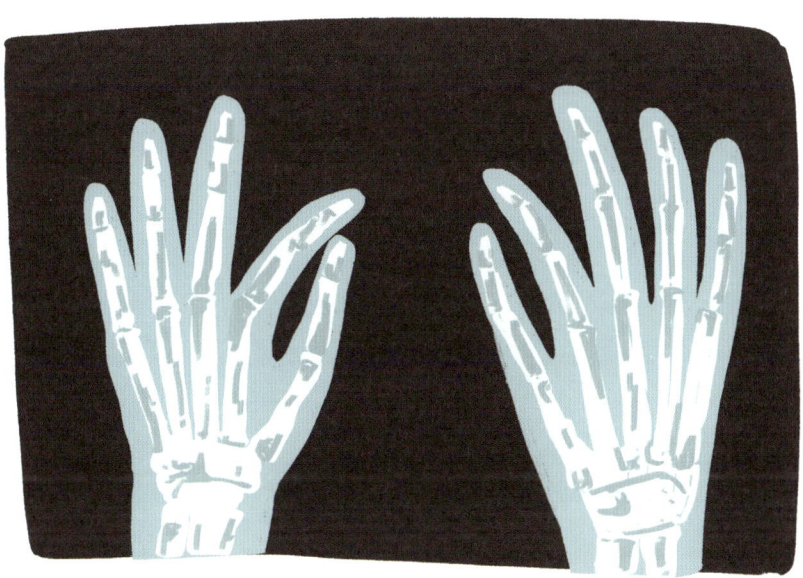

쇄석기

쇄석기는 몸 안에서 만들어진 단단한 조각 물질인 신장 결석과 담석이 산산이 부서지게 충격파를 주는 장비예요.
만일 이러한 치료법이 없다면 수술을 해야 할 거예요.
이런 치료도 수학 덕분에 할 수 있는 것이랍니다.

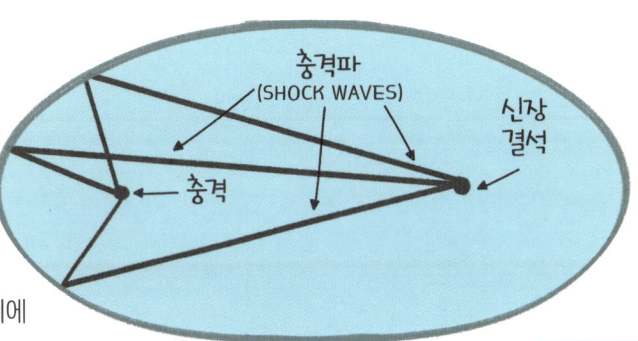

외과 의사는 반타원체(3차원 타원) 모양의 쇄석기를 환자의 몸 위에 올려놓아요. 쇄석기는 초음파(사람이 들을 수 없는 음파)를 발생시키고, 초음파는 타원체의 내부 표면에서 반사되어 몸 안의 돌 물질(결석이나 담석)에 모이게 돼요. 모든 초음파가 그 돌 물질에 집중되면 그것을 부수기에 충분한 에너지가 만들어져요. 환자는 1시간 정도 지나면 집에 돌아갈 수 있어요.

수학과 전염병

전염병학자들은 전염병의 확산과 진행을 추적하기 위해 수학을 사용해요.
사람들 집단의 건강을 관리하고 코로나19 같은
유행병이나 팬데믹의 잠재적 결과를 모형화하는 데 도움을 주죠.
또한 수학을 통해 예방 접종(백신) 프로그램의 효과도 계산할 수 있어요.

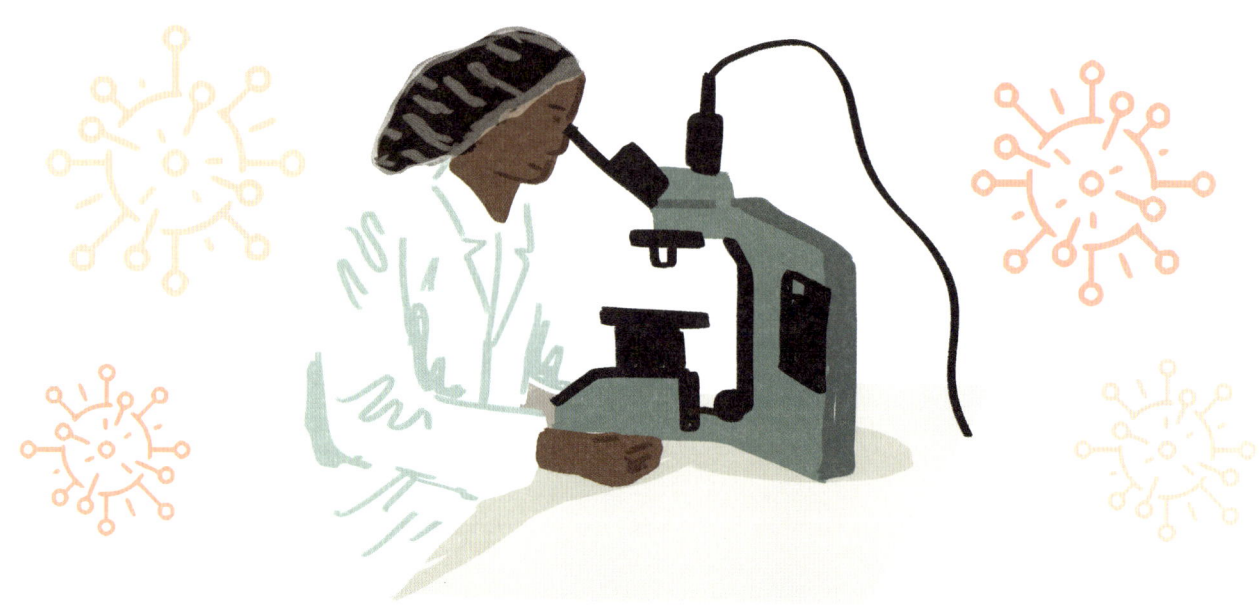

질병의 전염과 확산

전염병학자들은 전염병이 사람에게서 사람으로 얼마나 빨리, 얼마나 넓게 퍼질지 그 가능성을 예측하는 데 수학적 모형을 사용해요. 이 정보는 특정 지역에서 격리가 필요한지의 여부와 같은 보건 정책을 만드는 데 도움을 줘요.

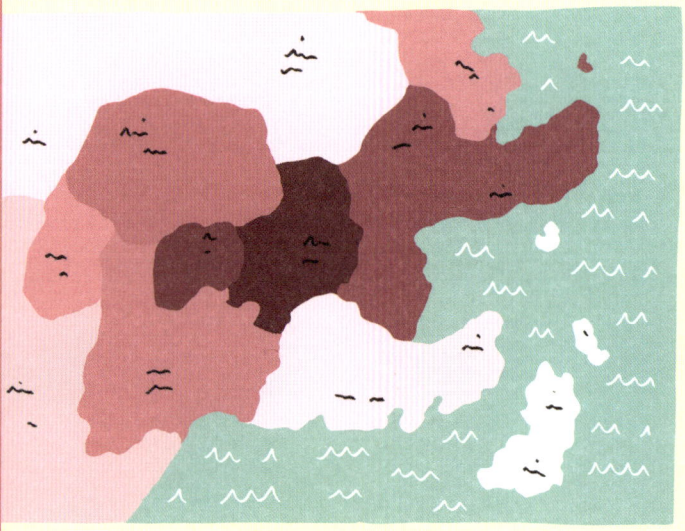

SIR 모형

수학적 모형인 SIR은 1927년에 한 집단 내에서의 전염병 확산을 연구하기 위해 고안되었어요. SIR은 전염의 대상이 되는 사람을 감염 가능군(Susceptible, 전염될 수 있는 사람), 감염인(Infected, 질병을 퍼뜨릴 수 있는 사람), 감염 회복군(Recovered, 병이 치유되었거나 백신을 맞아서 면역이 된 사람) 세 가지로 구분한 약자예요. SIR에 따라 생성된 숫자들은 전체 모집단 대비 연구 대상 집단이 차지하는 비율에 따라 곱해져요. SIR은 MMR 백신으로 예방할 수 있는 홍역이나 볼거리, 풍진과 같은 질병의 연구에 사용되지요.

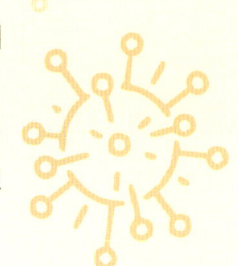

재생산지수 R값

코로나19에 대해 논의할 때 R값을 이야기하는 것을 들어본 적이 있을 거예요. R값은 재생산지수를 말해요.

R값은 질병이 사람에게서 사람으로 얼마나 전파될 수 있는지를 측정하는 방법이에요. 감염자 한 사람을 통해서 추가로 감염될 사람들의 수를 평균치로 나타내요. R값은 감염이 곧 사라질지, 급속히 퍼질지, 또는 일정하게 이어질지를 알려 줘요. 만약 R값이 1보다 크면 그 질병은 퍼져 나갈 거예요. R값이 클수록 질병은 더 많이 퍼져요. 각 감염자가 더 많은 사람을 감염시켜서 질병이 배로 늘어나요.

R값이 1이면 그 질병은 사람들 사이에서 계속 옮겨 가겠지만 주어진 시간에 감염자가 더 늘거나 줄지는 않을 거예요. 만약 R값이 1보다 작으면 각 감염자가 1명 미만에게 감염시킨다는 것을 뜻해요. 그래서 결국 질병은 없어질 거예요. R값은 방역 정책을 만드는 사람들이 검역(격리 조치)이나 백신 접종 프로그램과 같은 것을 어떻게 조치할지 결정하는 데 도움이 된답니다.

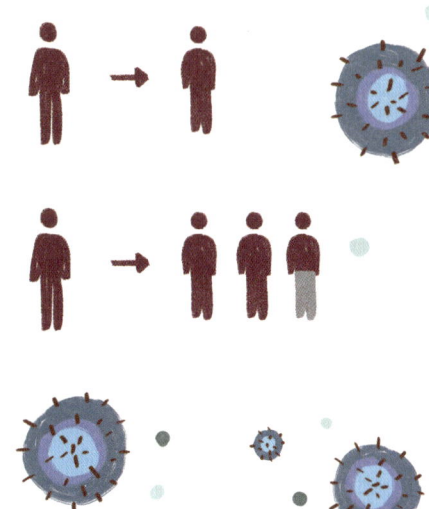

수술을 위한 수학

외과 의사나 마취과 의사는 수술이 필요할 때 수학을 사용해요.
수학적 계산이 없다면 사람들은 수술을 받을 때 안전하지 못할 거예요.
결국 수학은 생명을 구하지요!

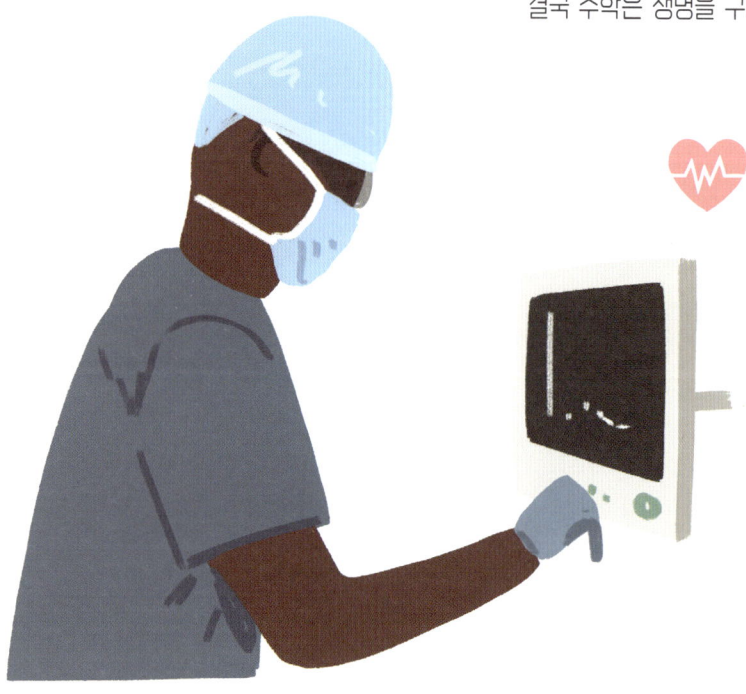

수술에 쓰이는 수학적 모형

수학적 모형이란 수학적 아이디어와 언어를 사용하는 시스템을 묘사하는 거예요. 수학적 모형은 외과 의사가 수술 과정을 이해하고 의사가 할 수 있는 다양한 조치의 결과를 예측해 보도록 도와줘요. 그래서 수술이 좀 더 좋은 결과를 낼 수 있게 하고, 환자의 건강이 더욱 좋아지고 잘 회복될 수 있도록 하지요.

뇌 수술

뇌 수술은 섬세하고 어려워요. 수학자들은 조금 더 안전하게 수술할 수 있는 방법을 찾아냈어요. 수학은 뇌를 세포 수준에서 연구하고 모형화하는 데 사용돼요. 수학을 이용한 컴퓨터 **시뮬레이션**은 주어진 유형의 수술이 성공할 수 있는지 보여 줘요.

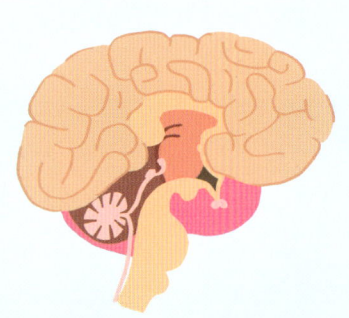

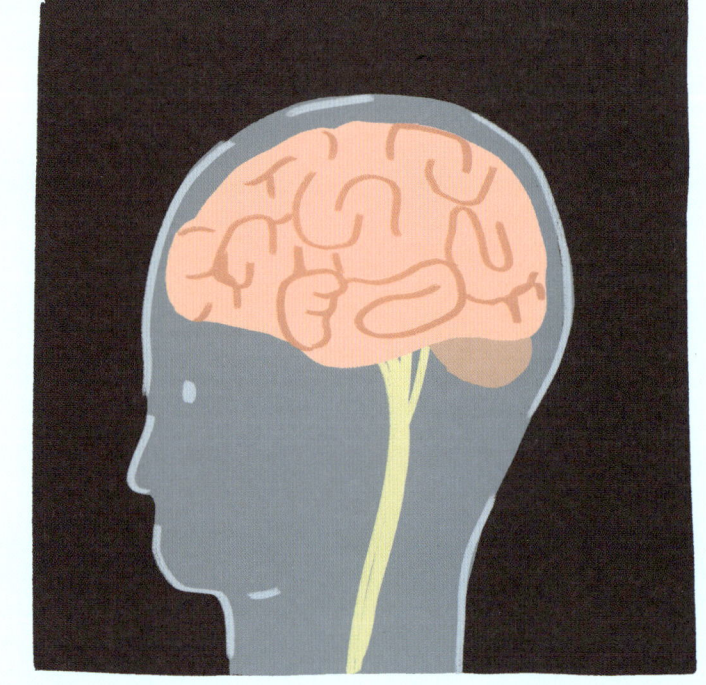

 ## 심장 수술

심장 수술을 하는 외과 의사도 수학을 이용해요. 건강하고 잘 작동하는 심장을 위해서요. 심장의 손상된 부분을 수술할 때 수학적 대칭성을 사용해 심장 안에 있는 심실을 복원해요.

외과 의사는 각 환자의 심장 형상을 모형으로 만들고, 그 모형에 적용 가능한 구성을 다양하게 시도해 봐요. 이를 통해서 수술하는 데 가장 좋은 구조를 선택할 수 있지요.

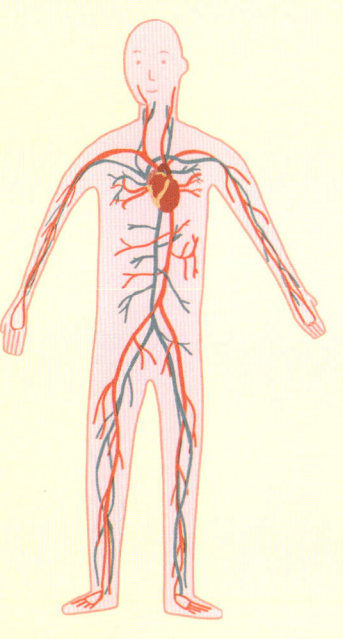

 ## 마취

사람들은 수술을 받을 때 무슨 일이 일어나고 있는지 의식하지 못하고, 아무런 통증도 느끼지 못해요. 약물을 몸속에 넣어서 수면 상태로 만들기 때문이에요. 수면제는 주사로 놓기도 하고 가스로 들이마시게도 해요. 마취과 의사는 수술하는 동안 환자가 수면 상태를 이어 나갈 수 있도록 필요한 약물의 양을 수학으로 계산해요.

일기 예보의 수학

소풍날 화창한 날씨가 되길 바라며 일기 예보를 본 적이 있나요?
그렇다면 수학에 고맙다고 해야 할 거예요! 수학은 1920년대부터 날씨를 예측하는 데 사용되고 있어요.

수치 기반 일기 예보

1920년대에 노르웨이 기상학자(날씨를 연구하는 과학자)인 빌헬름 비에르크네스(Vilhelm Bjerknes)는 기상 패턴을 예측할 수 있는 방정식을 개발했어요. 이것이 오늘날 일기 예보의 시작이었어요.

1922년에는 영국의 수학자 루이스 프라이 리처드슨(Lewis Fry Richardson)이 수학을 이용해 날씨를 예측하는 방정식의 해법을 제시했어요. 그는 '예보 공장'이라는 아이디어를 냈어요. 예보 공장은 전 세계 모든 나라를 표시하기 위해 색칠한 벽면이 있는 거대한 건물이에요. 이곳에서 64,000명에 이르는 사람들이 여러 가지 계산을 수행할 수 있도록 했지요. 실제로는 100만 명 이상의 사람들이 필요할 거예요. 리처드슨의 아이디어는 현실로 이루어지지는 못했지만, 그 아이디어는 **슈퍼컴퓨터**를 활용해 날씨를 예측할 수 있는 길을 열었답니다.

컴퓨터를 활용한 날씨 예측

1950년대에 이르러 컴퓨터는 수학적 모형을 사용하여 날씨를 어느 정도 정확하게 예측할 수 있었어요. 오늘날 슈퍼컴퓨터는 지구 주위의 인공위성이 수집한 데이터를 활용해요. 하지만 여전히 6일 정도만 예측 가능해요. 상황이 너무 빨리 변하기 때문이지요. 계산 과정에 약간의 오류만 있어도 예측과 실제 결과 사이에는 엄청난 차이가 생길 수 있어요.

그냥 궁금해요

1950년대에 핵무기 개발에 참여했던 수학자 존 폰 노이만(John von Neumann)은 기상 예측을 통해 날씨를 무기로 사용하는 방법을 연구했어요.. 그 프로젝트는 결국 실패했지요.

# 종합적 예측

일기 예보에는 다음과 같은 수많은 변수들(변동 가능한 것들)이 있어요. 변수들은 정확한 예측을 어렵게 하지요.

태양 복사
태양 광선의 세기는 하늘을 덮은 구름양에 따라 달라져요.

강수량
물은 비나 진눈깨비, 또는 눈이나 우박으로 내려요.

토양
토양의 수분은 증발해서 일기 예보에 영향을 미쳐요.

초목
식물은 공기 중으로 수분을 방출해요.

지표수
바다와 호수는 육지보다 서서히 열기를 방출해요.

지형
산은 비와 바람에 영향을 줘요.

이러한 변수들의 결과로 종합적인 일기 예보를 만들어요. 이는 예상할 수 있는 날씨의 범위를 예측하기 위해 일련의 일기 예보가 사용된다는 의미입니다.

# 데이터 수집

관찰 데이터(여러 가지를 관측하여 수집하는 정보)는 다양한 방법으로 수집할 수 있어요.

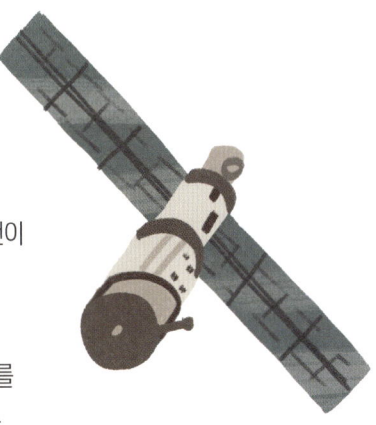

기상용 열기구는 지구 대기의 가장 낮은 층인 대류권으로 올라가요. 이곳은 대부분의 기상 조건이 발생하는 곳이에요. 열기구에는 라디오존데라는 장비가 실려 있는데, 이 장비는 기상 상태를 측정해 그 값을 수신기로 전송해요. 기상 위성도 데이터를 수집하고 전송해 줘요. 특수한 비행기들도 데이터를 수집하는데, 열대성 사이클론과 같은 기상 현상 주위를 비행하거나 바다를 가로질러 해빙을 관찰하는 방법으로 정보를 얻어요. 전 세계의 기상 관측소에서도 여러 상황을 측정하고 데이터를 수집해요.

슈퍼컴퓨터는 알고리즘을 이용해 수집된 데이터를 처리해요. 영국 기상청에 있는 슈퍼컴퓨터는 초당 16,000조 이상의 계산을 해낼 수 있어요. 그래서 일기 예보가 더욱 정확하게 만들어진답니다. 모두 수학에 달려 있는 셈이에요!

 # 기후 변화의 수학

기후는 시간이 지나면서 자연스럽게 변하는 것이에요. 그러나 지난 세기에는 변화하는 속도가 매우 빨랐어요. **화석 연료**를 사용하는 공장과 자동차에서 온실가스를 내보낸 것이 큰 원인이었어요.
이산화탄소와 같은 온실가스는 태양열을 지구 대기권에 가두어서 지구를 따뜻하게 해 줘요. 이로써 다양한 생물이 살아갈 수 있지요. 하지만 온실가스가 너무 많아지면 열을 지나치게 많이 가두게 돼요. 그러면서 대기와 바다의 온도가 올라가게 된답니다.

수학은 과학자들이 이러한 변화의 정도를 측정하고, 정보를 수집해 처리할 수 있도록 도와줘요. 정부는 그 데이터를 이용해서 기후 변화에 대처할 정책을 세우게 되지요.

 ## 상승하는 기온

지구의 온도는 극지방의 만년설을 녹이고, 해수면이 점점 상승하게 할 정도로 크게 올라갔어요. 이 변화는 북극곰을 비롯해 다양한 동물들의 서식지를 파괴해요. 또한 사람들이 농사지으며 살고 있는 해안 지역의 침수를 유발하기도 해요.

 ## 데이터 처리와 통계

'기후'는 일정 기간의 평균적인 기상 상태를 의미해요. 과학자들은 온도, 강우량, 해수면, 대기 오염 관련 데이터를 수집해요. 이 자료를 가지고 평균적인 상태를 알아볼 수 있지요. 다양한 기록을 보관하고, 평균치가 어떻게 변화하는지 연구하면 과학자들이 변화와 추세를 확인하는 데 도움을 줄 수 있어요.

 ## 확률

수학자들은 기온 상승으로 인한 기후 패턴의 변화를 예측하기 위해 확률을 사용해요. 예를 들면 가뭄이나 산불로 이어질 수 있는 홍수와 폭염 같은 것들을 예측하는 거예요. 이를 통해 정부가 다양한 문제들에 대한 대책을 세울 수 있도록 해요. 화석 연료 사용을 줄이도록 정책을 수정하는 데 영향을 줄 수도 있고요.

 ## 식품 산업

식품 산업은 식품을 가공하고 생산하는 공장을 비롯해 다양한 사업체를 포함한 산업군을 부르는 말이에요. 기후 변화는 농업(작물 재배와 식량을 위한 동물 사육)에 바탕을 두고 있는 식품 산업에 영향을 끼칠 수 있어요. 가뭄이나 홍수 등은 농업에 영향을 주니까요. 기후 변화에 대한 수학자들의 예측은 식품 산업이 미래를 대비하는 데 도움을 줄 수 있어요.

 ## 수학과 그린에너지

풍력, 수력과 같은 **재생 에너지원**은 기후 변화를 더욱 가속화하는 온실가스를 줄이는 데 도움이 돼요. 수학적 모형은 도시에 필요한 전력을 공급하기 위해 얼마나 많은 풍력 터빈이 필요할지 계산할 수 있어요. 이처럼 수학은 다양하게 쓰일 수 있지요.

지진의 수학

지진은 인명 피해와 막대한 손실을 가져올 수 있어요. 과학자들은 **레이저**를 이용해서 지각의 움직임을 측정하고 계산해 지진이 발생할 가능성이 있는 시기를 예측해요. 덕분에 사람들이 위험 지역에서 미리 대피할 수 있지요. 과학자들은 또한 지진이 발생할 때 수학을 사용하여 지진을 측정해요.

진앙(진원 바로 위 지표면의 지점)

진원(지구 내부에서 지진이 처음 일어난 지점)

지구의 층

지구는 내핵, 외핵, 맨틀, 지각 등 4개의 층으로 이루어져 있어요. 지각은 매우 느리게 움직이는 지각판(텍토닉 플레이트 또는 지질구조판이라고도 해요)으로 되어 있어요. 지진은 지각판의 가장자리는 붙어 있지만 나머지 부분은 계속해서 움직일 때 발생해요. 붙어 있던 가장자리가 떨어지고 움직이는 지각판의 에너지가 갑자기 방출되면서 지진이 일어나는 것이지요.

지진파

에너지는 **지진파** 형태로 바깥쪽으로 이동해요. 이 파동은 지각을 흔들고, 지표면에 다다르면 건물을 무너뜨릴 수 있어요. 지진파는 지진계라고 하는 장비로 측정해요. 때로는 지진이 해저 아래에서 일어나 쓰나미라고 부르는 거대한 파도를 일으킨답니다.

진도(지진 규모)

지진의 크기를 진도라고 해요. 지진파의 강도로 측정되지요. 진도는 리히터 규모나 모멘트 규모와 같은 척도로 측정해요. 리히터 규모는 지진으로 방출되는 에너지의 측정치예요. 진앙 중심에 있는 모든 것을 파괴할 수 있는 정도인 진도 8 이상의 지진은 다행히도 일어날 확률이 드물어요. 2004년에 인도네시아 해안에서 리히터 규모 9.1~9.3의 지진이 발생한 적이 있었는데, 아주 치명적인 쓰나미가 밀어닥쳤어요.

진앙(지진의 중심)

지진의 진앙은 지진의 진원 바로 위의 지점을 뜻해요. 과학자들은 수학을 이용해서 진앙의 위치를 찾지요. 그들은 지진파의 최초(1차) 파동과 2차 파동을 측정하고 도표로 나타내요. 지진파의 1차 파동과 2차 파동 사이의 시간은 파동을 측정하는 지진계와 지진의 발생 지점(진앙) 사이의 거리를 알려 줘요. 그다음은 지진의 진앙(진원지)을 찾기 위해 3개의 거리 측정값을 사용해 **삼각 측량**을 해요. 그림(오른쪽)의 지도에는 3개의 지진계를 중심으로 그려진 원이 있어요. 각 원은 진앙까지의 거리를 반지름으로 하는 원이에요. 이 세 개의 원이 겹쳐지는 지점이 지진의 진앙이랍니다.

컴퓨터

여러분은 컴퓨터, 스마트폰, 태블릿을 사용하나요? 아마도 컴퓨터를 사용해서 숙제도 하고, 게임도 하고, 친구들과 소통도 할 거예요. 여러분 가족들도 온라인으로 쇼핑도 하고 수업도 듣겠지요. 컴퓨터도 수학이 없었다면 존재하지 못했을 거예요. 인터넷도요!

 컴퓨터의 역사

최초의 컴퓨터 과학자는 수학자였어요. 수학과 컴퓨팅의 연결 고리를 찾아보려면 아래에 나오는 컴퓨팅의 역사를 살펴보세요.

1822 영국의 수학자 찰스 배비지(Charles Babbage)가 여러 가지 숫자 표를 계산할 수 있는 증기 동력 계산 기계를 발명했어요.

1936 앨런 튜링(Alan Turing)이라는 사람이 자동화 기계(나중에는 튜링 머신으로 불렀어요)를 발명했어요. 이 기계는 현대 컴퓨터의 전신이었어요.

1941 J. V. 아타나소프(Atanasoff)라는 사람이 동시에 29개의 방정식을 풀 수 있는 컴퓨터를 발명했어요. 이것은 주기억 장치에 정보를 저장할 수 있었던 최초의 컴퓨터예요.

1943 영국 블레츨리 공원에 있는 거대한 석조물은 2차 세계 대전 중 적군의 암호를 해독하는 데 사용되었어요.

1945 모클리(Mauchly)와 에커트(Eckert)가 에니악(ENIAC - Electronic Numerical Integrator and Calculator, 전자식 숫자 적분 및 계산기)이라는 기계를 만들었어요. 오늘날 디지털 컴퓨터의 조상 격으로 볼 수 있어요. 오늘날 볼 수 있는 얇고 가벼운 노트북, PC, 스마트폰과 달리 방을 한가득 채울 만큼 크기가 컸어요.

1955 그레이스 호퍼(Grace Hopper)는 초기 컴퓨터 언어를 개발했어요. 컴퓨터 언어는 사람이 쓰는 명령어를 컴퓨터가 이해할 수 있는 숫자로 변환하는 데 사용돼요.

1958 잭 킬비(Jack Kilby)와 로버트 노이스(Robert Noyce)가 집적 회로인 **컴퓨터 칩**을 발명했어요.

1964 더글러스 엥겔바트(Douglas Engelbart)가 현대적인 컴퓨터의 초기 모델 **프로토타입**(시제품)을 소개했어요. 마우스와 그래픽 사용자 인터페이스(시스템을 이어 주는 것) 메뉴를 갖고 있었어요.

1971 IBM의 앨런 슈거트(Alan Shugart)는 컴퓨터 사이에 자료를 공유할 수 있게 한 플로피 디스크를 발명했어요. 그 전에는 데이터를 테이프(마그네틱)에 저장하였지요. 그보다 더 전에는 천공 카드에 저장했고요.

1975 빌 게이츠(Bill Gates)와 폴 앨런(Paul Allen)은 알테어 8800이라는 컴퓨터용 **소프트웨어**를 개발했어요. 빌 게이츠와 그의 친구들은 마이크로 소프트(MS)라는 소프트웨어 회사를 세웠어요.

1976 스티브 잡스(Steve Jobs)와 스티브 워즈니악(Steve Wozniak)은 애플 컴퓨터를 시작하고, 단일 **회로 기판**을 가진 최초의 컴퓨터 애플1을 발명했어요.

1981 IBM은 에이콘(Acorn)이라는 IBM PC(개인용 컴퓨터)를 출시했어요.

1990 팀 버너스 리(Tim Berners-Lee)는 오늘날 월드 와이드 웹(World Wide Web) 개발을 가능케 하는 웹사이트용 언어인 하이퍼텍스트 마크업 언어(HTML)를 개발했어요.

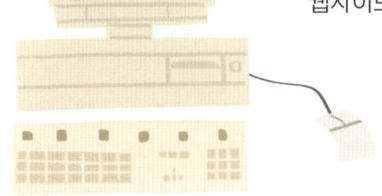

 ## 바이너리(이진수)와 코딩

이진수 체계는 숫자 0과 1을 사용해요. 이 체계는 컴퓨터에 사용되는데, 이진수에 따라 스위치를 켜고 끄는 작동을 할 수 있어요. 컴퓨터 내에서 데이터는 바이너리(이진수)로 저장되고 전달된답니다.

 ## 수학이 사용되는 또 다른 것들

거의 모든 컴퓨터에서 프로그램 **함수**는 덧셈, 뺄셈, 곱셈, 나눗셈을 이용해 구현돼요.

대수학(수학의 한 분야)은 소프트웨어 구현에 사용되며, 통계학은 음성 인식, 컴퓨터 시뮬레이션, 인공지능(AI) 등에서 쓰여요. AI는 컴퓨터 **프로그램**이 이전의 결과로부터 학습하는 능력이 있어서 마치 생각하는 것처럼 보인답니다.

미적분학(변화율을 연구하는 수학 분야)은 그래프와 시각 자료를 만들어 내는 데 쓰여요. 또한 다양한 문제를 해결하는 데에도 활용돼요.

비행의 수학

항공 공학은 헬리콥터, 비행기, 드론 등의 공중을 이동하는 물체를 설계하는 거예요. 항공 우주 공학은 우주선이나 위성과 같이 우주 공간을 비행하는 물체를 설계하는 것이고요. 이 두 가지 공학 기술은 수학을 이용해서 다양한 동체를 공기 중에서 움직일 수 있도록 해요.

 엔지니어링(공학 기술)

엔지니어(공학 기술자)는 수학을 이용해서 항공기가 빠른 속도로 운행하고, 화물이나 탑승객을 안전하게 운반할 수 있도록 제작하는 방법을 연구해요. 엔지니어는 비행체의 여러 부분에 있어 최적의 공기 역학적 (쉽게 날 수 있는) 모양을 계산하기 위해 기하학을 사용하지요.

또 비행체가 바람에 흔들릴 때도 안전하게 날아갈 수 있도록 하는 여러 방정식을 풀어내는 데 대수학을 사용해요. 엔지니어는 컴퓨터 과학으로 비행체를 설계하고 개발하며, 그것을 테스트하고 제어하지요.

파일럿(비행 조종사)

조종사도 수학을 통해 비행경로를 계획하고 경로를 따라 비행해요. 여러분이 비행기를 타고 여행 갈 때, 조종사는 비행기 맨 앞에서 기하학으로 업무를 수행하고 있어요. 조종사는 나침반을 읽고 각도를 계산해서 비행기가 올바른 경로로 운항하도록 조정한답니다.

조종사는 안전한 비행을 지원해 주는 컴퓨터를 통해 정보를 판독해요. 컴퓨터는 수학을 사용해서 비행에 필요한 연료가 충분한지 확인하고, 비행기가 안전하게 이착륙할 수 있을 정도로 짐이 적당하게 실려 있는지를 계산하기도 해요. 여러분이 비행기를 탈 때, 수화물 허용량이 있는 것은 이런 이유 때문이에요. 이처럼 수학은 비행기가 안전하게 비행하고 적정한 연료를 유지할 수 있도록 해 주지요.

로켓 과학

수학은 우주여행의 핵심이에요. 우주 비행사는 컴퓨터에 의지해요. 컴퓨터는 수학을 사용해서 거리, 절대 속도, 벡터 속도(특정 방향으로 얼마나 빠르게 움직이는지) 등을 계산하여 우주선이 정확하고 안전하게 발사되고 비행할 수 있도록 만들어 줘요. 또 지구 대기권에 재진입해서 안전하게 착륙하도록 해 주지요.

로켓을 우주로 보내기 위해서는 연료의 양이 정확하게 계산되어야 해요. 로켓 방정식이 있는데, 이것은 로켓이 연료를 태울 때 얻을 수 있는 속도 값을 산출해요. 비행에 필요한 정확한 연료의 양을 계산하려면 수학은 아주 정밀해야 해요.

그냥 궁금해요

태양계 내에서 물체가 어떻게 움직이는지를 수학적으로 연구하는 것이 천체 역학이에요.

웜홀의 수학

웜홀은 우주에서 아주 먼 시공간을 가로지르는 지름길을 말해요. 이처럼 우주 공간을 관통하는 통로 개념에 붙인 이름이지요. 마치 시공간에서 양쪽 끝이 두 개의 다른 지점에 닿아 있는 터널 같은 것이에요. 우리는 아직 웜홀이 진짜 있는 것인지 잘 몰라요. 과학자들은 현재 그 존재가 증명될 수 있는지 확인할 수 있는 아이디어를 연구하고 있지요.

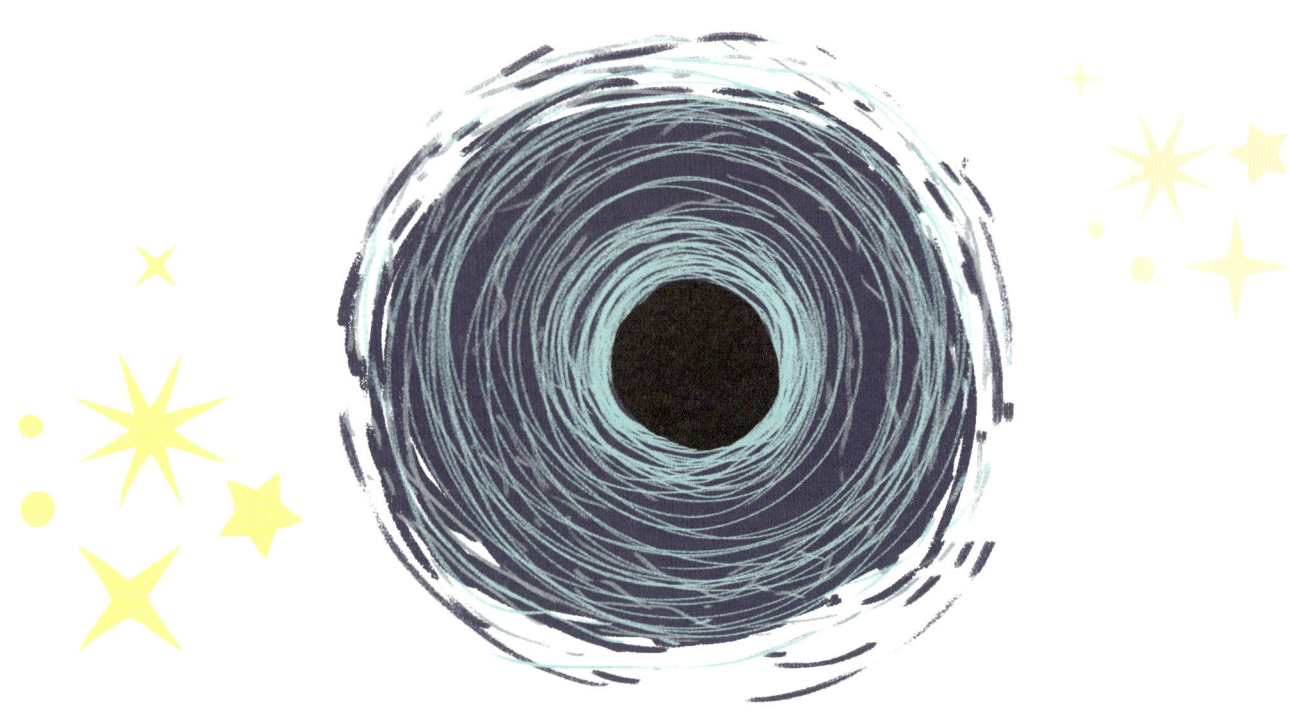

웜홀 이해하기

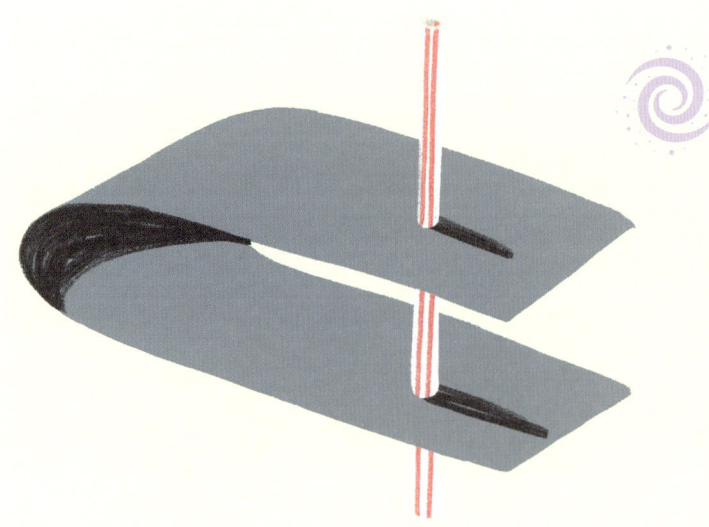

웜홀을 이해하기 위해서는 3차원 모델링이 도움이 돼요. 종이 한 장을 가지고 양쪽 끝단이 맞닿도록 가운데를 가로질러 휘어 보세요(접지 말고요). 종이의 양쪽 면에 조그만 구멍을 내고 빨대 하나를 그 두 구멍에 관통되도록 꽂으면, 바로 웜홀의 3차원 모델이 되는 거예요.

아이디어의 발전

1921년 헤르만 바일(Hermann Weyl)이라는 사람이 처음으로 웜홀이라는 개념을 연구하기 시작했어요. 1935년에는 알베르트 아인슈타인(Albert Einstein)과 네이선 로젠(Nathan Rosen)이 시공간을 관통하여 지름길을 통해 다른 곳으로 연결해 줄 수 있는 '브릿지(다리)'라는 개념을 연구하기 시작했어요. 그들은 이 이론을 발전시키기 위해서 복잡한 수학적 공식을 사용했어요. 그들이 연구한 브릿지(다리)는 아인슈타인-로젠 브릿지(또는 웜홀)로 알려졌답니다.

1980년대에는 미국 캘리포니아 공과대학의 천체물리학자(우주 과학자) 킵 손(Kip Thorne)이 웜홀을 연구했어요. 킵 손은 친구 칼 세이건(Carl Sagan)과 이야기를 나누고 나서 웜홀 이론과 웜홀을 통한 우주여행의 가능성을 연구했어요. 세이건은 콘택트(Contact)라는 공상 과학 소설을 쓰고 있었는데, 그런 종류의 우주여행이 가능할지 알고 싶어 했다고 해요.

킵 손과 그의 동료들은 웜홀을 통한 시간 여행을 진짜 할 수 있을지 알아보았어요. 웜홀에 들어갈 때 빛의 속도로까지 빠른 속도를 낼 수 있는 개념을 연구했지요. 만약 이것이 가능하다면(대단히 큰 가정이지만 말이에요), 웜홀의 고속 입구는 반대편 입구에서 100년에 해당하는 기간을 1년 만에 통과하는 경험이 가능할 것이라는 결론에 이르렀어요. 어쩌면 시간 여행이 가능해질 수도 있는 거예요!

공상 과학 속 웜홀

웜홀은 공상 과학 소설에 자주 나와요. 우주를 빠르게 이동할 수 있는 가상의 '다리'가 될 수 있기 때문이에요. 웜홀은 시간 여행 이야기에도 등장하는데, 사람들이 한 시대에 웜홀의 한쪽 끝으로 진입해서 다른 쪽 끝으로 완전히 빠져나가면서 전개되는 이야기지요! 꽤 흥미로운 생각이지만, 어쩌면 믿을 만한 이야기일지도 몰라요.

웜홀의 현재

아직까지 웜홀에 관한 증거는 발견되지 않았어요. 과학자들은 수학의 도움을 받아서 웜홀이 시간 여행을 할 수 있는 놀라운 지름길일 거라는 이 생각을 계속해서 탐색하고 있답니다.

6장

수학의 스타들

수학을 개발하고 해석(설명)해 온 수학자들이 없었다면, 우리는 지금쯤 어디에 와 있을까요? 난처한 질문이지요! 수 세기에 걸쳐 위대한 사상가들은 오늘날 우리가 사용하는 수학의 모든 것을 해결했어요. 우리는 수학이 중요하다는 것을 잘 알지요.
이 모든 것을 가능하게 만든 놀라운 위인들에는 누가 있을까요?

세계 각지에서 여러 시대를 통해 수학을 다듬어 온 여러 인물이 있어요. 누가 가장 중요한 발견을 하고 이론 체계를 만들었는지 말하기는 어려워도 이 장에 나오는 인물들은 모두 오늘날 우리가 사용하는 수학에서 중요한 역할을 했어요.

어떤 인물의 삶에 대해서는 잘 알고 있는 반면, 잘 모르는 인물도 있을 거예요. 어떤 인물은 세계를 변화시킬 만한 발견들을 이루었고, 어떤 인물은 모든 사람이 수학의 세계에 좀 더 쉽게 접근할 수 있도록 만들었어요. 하지만 모두가 한 가지 공통점이 있어요. 훌륭하고 멋진 정신세계를 가졌었거나 가지고 있는 사람들이랍니다.

피타고라스 (PYTHAGORAS)
기원전 570년경-기원전 495년경, 그리스

피타고라스는 그리스의 철학자이자 수학자였어요. 기원전 570년경 그리스 사모스섬에서 태어났지요. 젊은 시절에 여행을 많이 했고, 그리스로 돌아오기 전까지 이집트나 바빌론에서 교육을 받았던 것으로 보여요.

피타고라스는 숫자가 만물의 기초를 형성한다고 믿었어요. 그는 '피타고라스 정리'로 잘 알려져 있지요. 피타고라스 정리는 직각 삼각형 각 변에서 그 변의 길이와 같은 정사각형을 그리면, 가장 큰 정사각형의 면적은 다른 두 개의 정사각형 면적의 합과 같다는 거예요. 놀랍지요!

다음 식으로 표현될 수 있죠.
$$a^2 + b^2 = c^2$$

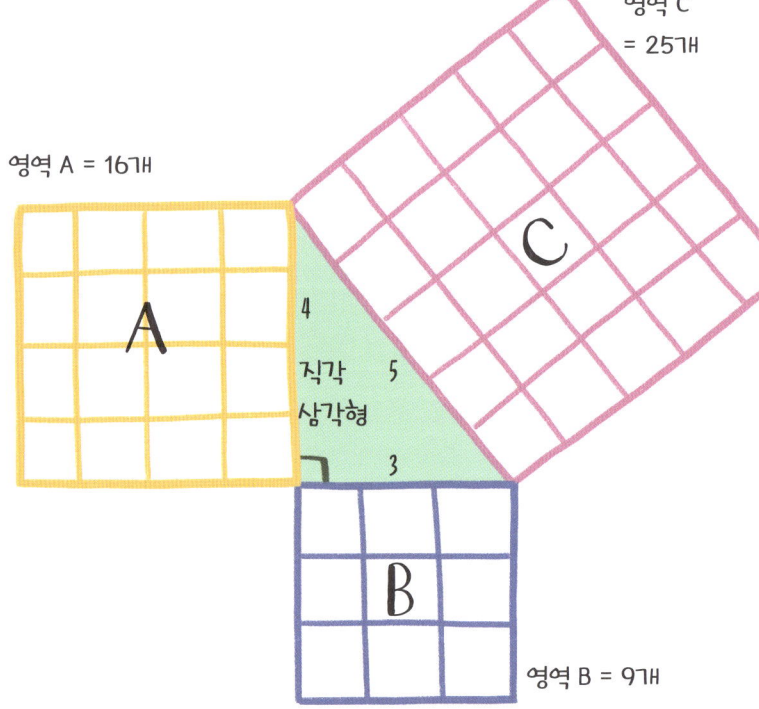

영역 C = 25개
영역 A = 16개
영역 B = 9개
직각삼각형

피타고라스보다 한참 전에 바빌로니아인들이 이 이론을 만들었고, 피타고라스가 거기서 공부하면서 배워 온 것일 수도 있음을 나타내는 증거들이 있어요.

피타고라스는 40세가 됐을 무렵에 다시 사모스를 떠났어요. 그리고 당시 그리스 식민지였던 이탈리아 남부의 크로톤으로 옮겨 갔어요. 피타고라스는 그곳에 학교를 세우고 자신의 신념과 생각을 공유하고 교육했답니다.

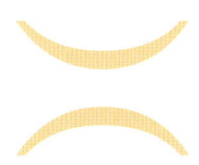 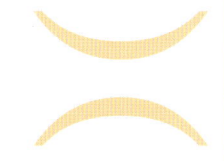

히파티아(HYPATIA)
360년경-415년, 이집트

히파티아는 350년에서 370년 사이에 오늘날의 이집트 땅인 알렉산드리아에서 태어났어요. 그녀는 수학자이자 천문학자였어요. 히파티아가 살았던 당시, 알렉산드리아는 학문적인 도시였답니다. 그녀의 아버지 테온도 수학자였고요. 이런 것들이 히파티아에게는 주변의 똑똑한 사람들에게서 배우고 학습할 수 있는 완벽한 환경이 되어 주었어요. 자라면서 히파티아는 아버지와 함께 연구하기 시작했고, 그때부터 이미 업적의 일부를 만들어 냈다고 해요!

히파티아는 그녀의 전성기에 세계 최고의 수학자로 묘사되었어요. 그녀는 동식물 학자였고(식물과 동물을 연구하는), 물리학자였으며(물질과 에너지를 연구하는), 페미니스트였고 (여성의 권리를 주장하는), 발명가이자 천문학자였어요. 그뿐만 아니라 달리기와 수영도 잘하는 대단한 운동선수이기도 했어요.

히파티아는 다른 수학자들의 저작물에 대한 해설집도 만들었어요. 다른 수학자들의 작업물과 그 내용에 대하여 논의했음을 의미하지요. 여기에 추가적인 아이디어도 덧붙였고요. 이런 분위기는 더 많은 학생이 토론할 수 있도록 했고, 그녀가 연구한 지식이 더 널리 전파되는 데 중요한 역할을 했답니다.

서기 400년, 히파티아는 알렉산드리아에 있는 학교의 교장이 되었어요. 그녀는 명실공히 위대한 교사이며 철학자 (개념을 토론하는 사람)임을 스스로 증명하였지요. 하지만 그녀의 철학은 자신을 죽음에 이르게 했어요. 알렉산드리아의 통치자는 크리스천이었지만 히파티아는 아니었거든요. 그녀의 종교적 견해로 표적이 된 거예요.

서기 415년, 그녀는 결국 정치적, 종교적 폭도들의 공격을 받고 죽임을 당했어요. 세상은 그녀의 빛나는 정신을 잃고 말았지요.

알-콰리즈미 (AL-KHWARIZMI)
780년경-850년경, 우즈베키스탄

무함마드 이븐 무사 알-콰리즈미(Muhammad ibn Musa al-Khwarizmi)는 페르시아의 수학자, 천문학자이자 지리학자였어요. '대수학의 아버지'로 알려져 있지요. 그는 780년경 지금의 우즈베키스탄인 호레즘에서 태어났어요.

콰리즈미는 다양한 도서를 번역했던 상당히 큰 규모의 아카데미이자 도서관인 바그다드의 '지혜의 집'이라는 곳에서 일했어요. 820년경, 천문학자 겸 아카데미의 도서관장으로 임명되었고요.

그는 저서 《복원과 균형의 과학(Ilm al-Jabr wal-Muqabala)》에서 복잡한 방정식들을 푸는 방법을 제시했어요. 아랍어 '알자브르(al-jabr)'는 '손상된 부분을 복원한다'라는 뜻이에요. 이로써 이 분야의 수학은 대수학(algebra)으로 알려지게 되었지요. 이 단어는 15세기에 영어권으로 들어오면서 부러진 뼈를 정돈한다는 의미로 해석되었어요. 수학적 내용을 기술하기 위해 영어가 처음 사용된 것은 16세기였답니다.

콰리즈미는 삼각형의 변과 각의 관계를 기초로 하는 삼각법도 연구했어요. 그는 태양, 달, 알려져 있는 행성들의 움직임을 설명했어요.

그는 850년경 생을 마칠 때까지 이라크에 머물렀던 것으로 보여요.

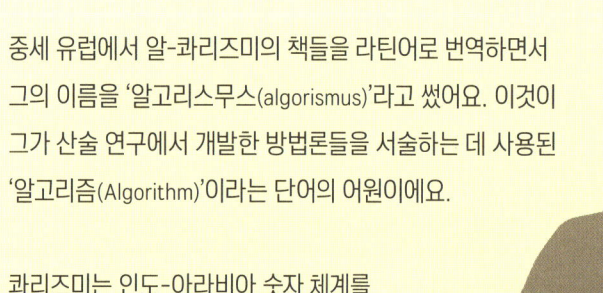

중세 유럽에서 알-콰리즈미의 책들을 라틴어로 번역하면서 그의 이름을 '알고리스무스(algorismus)'라고 썼어요. 이것이 그가 산술 연구에서 개발한 방법론들을 서술하는 데 사용된 '알고리즘(Algorithm)'이라는 단어의 어원이에요.

콰리즈미는 인도-아라비아 숫자 체계를 사용했어요. 이것은 12세기에 유럽으로 전파되었고, 유럽 수학에 큰 영향을 끼쳤답니다.

오마르 하이얌(OMAR KHAYYAM)
1048-1131년, 이란

오마르 하이얌은 1048년 오늘날의 이란 지역인 호라산의 니샤푸르에서 태어났어요.

20세쯤에 하이얌은 왕실의 재무부에서 일하기 위해 지금의 중앙아시아 우즈베키스탄 지역인 사마르칸트로 떠났어요. 그는 산술, 대수학, 음악 이론에 관한 책을 남겼지요. 또한 기하학에 대수학을 적용한 업적으로 잘 알려져 있어요.

하이얌은 사마르칸트 통치자로부터 큰 존경과 대우를 받았어요. 그는 이란의 이스파한에 있는 **천문대** 책임자를 맡았고, 그곳에서 1년의 길이를 정확하게 측정하기도 했지요. 그가 만든 잘랄리력(Jalali calendar)은 오늘날 세계 대부분의 나라에서 사용하는 그레고리력보다 더 정확했어요. 20세기까지 이란에서 사용되었지요.

오마르 하이얌은 1131년, 그의 고향 니샤푸르에서 83세의 나이로 생을 마쳤어요. 그의 죽음 이후 시인으로서 그의 작품이 매우 유명해졌지요. 영국 시인 에드워드 피츠제럴드(Edward FitzGerald)가 1859년 그의 시를 번역하여 <오마르 하이얌의 루바이야트(The Rubaiyat of Omar Khayyam)>라는 제목으로 시집을 펴냈답니다.

지롤라모 카르다노 (GIROLAMO CARDANO)
1501-1576년, 이탈리아

지롤라모 카르다노는 1501년 이탈리아 북부 파비아에서 태어났어요. 그는 파비아 대학에서 의학을 공부하다가 이탈리아의 4년 전쟁으로 대학이 문을 닫게 되자 파두아로 옮겨 갔어요. 이곳에서 그는 많은 사람과 논쟁을 벌였고 쉽게 친구를 사귀지 못했지요. 그는 결혼하기 위해 사콜룽고로 이사했고, 그 뒤 새로운 가족과 함께 밀라노로 이주했어요.

카르다노는 피아티 재단에서 수학 강사로 일했고, 외과 대학에도 들어갔어요. 바로 이때부터 수학과 의학 분야를 함께 연구하기 시작했지요. 수학자로서 카르다노는 음수와 확률 분야를 연구했어요.

그는 확률 지식을 사용해서 도박 게임에서 돈을 따기도 했어요. 카르다노 인생의 어느 시점에는 그것으로 먹고살 정도였어요. 그는 《우연의 게임에 관한 안내서(Book on Games of Chance)》라는 책을 썼는데, 여기에서 최초로 확률과 미적분학으로 불리는 중요한 수학적 방법론을 다루었어요.

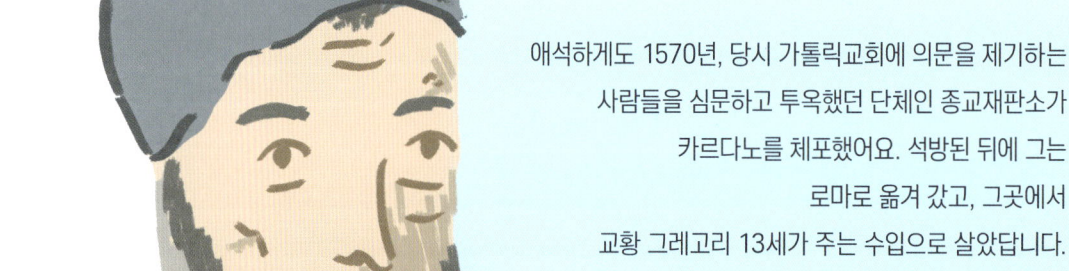

애석하게도 1570년, 당시 가톨릭교회에 의문을 제기하는 사람들을 심문하고 투옥했던 단체인 종교재판소가 카르다노를 체포했어요. 석방된 뒤에 그는 로마로 옮겨 갔고, 그곳에서 교황 그레고리 13세가 주는 수입으로 살았답니다.

카르다노는 1576년 세상을 떠날 때까지 로마에서 수학자 겸 의사로 일했어요.

아이작 뉴턴(ISAAC NEWTON)
1642-1727년, 영국

1642년 크리스마스 날에 태어난 뉴턴은 그랜섬에 있는 왕립 학교에 다녔어요. 처음에는 공부를 그다지 열심히 하지 않았답니다! 뉴턴은 17세 때 홀어머니의 말을 따라 학교를 그만두고 어머니 소유의 농장인 울스소프 매너(Woolsthorpe Manor)를 관리했어요.

다행히도 삼촌 윌리엄이 뉴턴을 계속 학교에 다니게 하는 것이 더 좋겠다고 어머니를 설득했어요. 그제야 그는 열심히 공부하게 되었고, 케임브리지의 트리니티 대학에서 계속 교육을 받게 되었어요.

1665년 런던에 대역병이 돌자 뉴턴은 이를 피해서 고향으로 돌아갔어요. 그가 중력에 관한 획기적인 이론을 세운 것이 이때였답니다.

대역병 이후 뉴턴은 다시 케임브리지로 돌아왔어요. 이때 그는 프리즘을 통과하는 빛을 관찰하여 백색광이 무지개 색으로 분산(분광)될 수 있다는 것을 증명해 보였지요. 이것은 뉴턴의 색채 이론으로 이어졌어요. 그는 1668년 빛을 한곳으로 모으는 렌즈 대신에 거울을 사용해서 최초의 반사 망원경을 만들었답니다.

1678년, 뉴턴은 건강 악화로 공직에서 물러났어요. 1684년, 천문학자 에드먼드 핼리(핼리 혜성을 연구하고 이름을 붙인 사람)가 뉴턴을 찾아왔어요. 핼리는 뉴턴에게 자신의 연구 결과를 체계화시켜 달라고 부탁했고, 1687년 뉴턴은 세 권의 연구서 모음집을 출판했어요.
이 모음집에서 운동 법칙(물체의 운동과 물체에 가해진 힘 사이의 연관성을 기술한 것)과 만유인력 법칙을 소개하였지요.

1689년, 뉴턴은 케임브리지 대학 의회의 의원이 되었어요. 1696년에는 런던으로 돌아와서 왕립 조폐국의 최고 관리자가 되었고요. 그곳에서 은화 위조화폐를 조사했지요.

1727년 뉴턴은 생을 마감했어요. 그의 연구 업적은 오늘날 우리가 사용하는 많은 과학의 토대가 되었답니다.

레온하르트 오일러 (LEONHARD EULER)
1707-1783년, 스위스

레온하르트 오일러는 1707년 스위스 바젤에서 태어났어요. 그는 겨우 13세의 나이로 대학에 입학했지요.

1727년, 오일러는 러시아 상트페테르부르크로 옮겨 가서, 과학 아카데미에서 의학을 가르쳤어요. 러시아 해군에서 위생병으로 근무하기도 했지요. 그 뒤 곧 수학 부서로 옮겼어요.

오일러는 1741년 독일 베를린으로 이주하여 베를린 아카데미에서 학생을 가르쳤어요. 그곳에서 25년간 수학 연구를 계속했답니다. 그는 함수와 미적분학(변화율을 계산하는)에 관한 책을 써냈어요.

1766년 오일러는 러시아로 돌아왔어요. 아마도 시력이 나빠졌기 때문이었을 거예요. 돌아와서는 그의 아들들과 연구 작업을 시작했어요. 1738년 병을 앓은 뒤로 그의 시력은 나빠지기 시작해서 1771년에 이르러서는 완전히 실명했어요.

오일러는 1783년에 세상을 떠났어요. 그는 수학의 많은 분야에서 업적을 남겼는데, 기하학, 대수학, **정수론**, 삼각법 등의 분야를 아우르지요. 미적분학에서는 그의 이름을 딴 '오일러수'를 남기기도 했어요. 그 값은 약 2.71828이랍니다.

카를 가우스(CARL GAUSS)
1777-1855년, 독일

1777년 4월에 태어난 요한 카를 프리드리히 가우스(Johann Carl Friedrich Gauss)는 숫자들의 패턴을 인식하는 놀라운 능력이 있었어요. 한 이야기로는, 세 살 때 아버지가 한 계산을 바로잡은 적이 있다고 해요. 또 다른 이야기로는 학교에서 말썽을 일으켜서 여러 계산식이 있는 페이지를 풀라는 벌을 받았는데, 단 몇 초 만에 답을 냈다고 하지요.

1788년, 브라운슈바이크 공작이 이 천재적인 11세 소년 가우스의 이야기를 듣게 되었어요. 공작은 그를 대학 수업에 참석하도록 하고, 나중에 괴팅겐에 있는 종합 대학에 다닐 수 있도록 지원했어요.

괴팅겐에서 공부하는 동안 가우스는 첫 번째 중대한 발견을 하게 되었답니다. 자와 컴퍼스만을 가지고 정십칠각형을 그릴 수 있음을 증명했던 거예요. 이것은 정말 중요한 발견이었어요. 대수학과 기하학 사이의 깊은 연관성을 보여 주었거든요.

1801년 주세페 피아치(Giuseppe Piazzi)가 왜행성 케레스(Ceres)를 발견한 짜릿한 사건이 있었어요. 그러나 피아치는 케레스가 태양에 가려지기 전까지 그 궤적을 예측하기 위해 충분한 시간 동안 케레스의 움직임을 추적할 수가 없었답니다. 가우스는 케레스가 다시 모습을 드러내는 시점을 알려 주는 방법을 만들어 냈어요.

1807년 가우스는 괴팅겐의 천문대장이 되었어요. 1818년에는 헬리오트로프라는 것을 발명했는데, 이것은 거울을 사용해서 상당히 먼 곳으로부터 날아온 빛을 반사(굴절)해 위치를 측정하는 장치였어요.

가우스는 1855년 78세의 나이로 생을 마감했어요. 그는 대수학, 정수론, 기하학, 천문학, 역학 등 많은 분야에서 지대한 공헌을 했지요.

게오르크 칸토어 (GEORG CANTOR)
1845-1918년, 러시아

게오르크 칸토어는 러시아에서 태어났지만 11세 때 독일로 이주했어요. 그는 눈부신 수학적 재능이 있었고, 34세에 할레 대학의 교수가 되었어요.

칸토어는 정수론과 미적분학에 관한 책을 썼어요. 가장 중요한 업적이라고 한다면 무한대에 관한 것이었지요. 수학에 있어서 무한대가 어떤 의미인지 가장 잘 이해한 최초의 수학자라고 말할 수 있어요. 무한대는 19세기 말까지 하나의 관념이었고, 절대 찾을 수 없는 값이었거든요. 칸토어는 이 추상적인 아이디어를 더욱 구체화했어요.

그는 사물의 집합(실제적이거나 또는 순수 수학적인 관점에서)에 관한 이론을 연구하여 집합론을 개발했는데, 이것 역시 현대 수학의 구성 요소 중 하나랍니다.

하지만 칸토어는 정신적 질병을 앓게 되어 병원에서 오랜 시간을 보냈어요. 말년에는 수학을 연구하지 않았고, 윌리엄 셰익스피어의 희곡을 프랜시스 베이컨 경이 썼다는 생각에 집착했어요. 그리고 이런 생각에 대해 긴 저술을 남겼답니다. 1918년 그는 할레 요양원에서 삶을 마감했어요. 그의 수학적 유산은 여전히 살아 숨 쉬고 있지요.

알베르트 아인슈타인(ALBERT EINSTEIN)
1879-1955년, 독일

알베르트 아인슈타인은 네 살이 될 때까지 말을 하지 못했어요. 그래서 그의 할머니는 그가 그다지 똑똑하지 않다고 생각했어요. 아인슈타인은 학교 수업도 재미있어 하지 않았어요. 뒷날 그는 자신을 가르친 한 선생님이 그에게 결코 대단한 인물은 되지 못할 것이라고 말했던 것을 회상한 적이 있어요. 하지만 그는 곧 수학과 과학, 창의적인 사고력에도 많은 재능이 있음을 보여 주었지요!

아인슈타인이 다섯 살 되던 해, 아버지가 나침반을 사 주었어요. 그는 나침반 바늘을 움직이게 하는 보이지 않는 자기력에 푹 빠졌답니다.

아인슈타인이 15세였을 때, 가족이 이탈리아 밀라노로 이사하게 되었어요. 아인슈타인은 공부하느라 독일 뮌헨에 남겨졌지만, 곧 가족의 품으로 갔어요. 그리고 16세에 스위스 취리히에 있는 폴리테크닉 아카데미에 지원했지요. 하지만 다니던 학교를 졸업해야만 아카데미에 들어갈 수가 있었어요. 그는 수학 점수는 탁월했으나 정리 정돈을 못하고 약속을 자주 깜박했다고 해요.

1900년 아인슈타인은 수학과 물리학 학위를 취득하게 돼요. 교사 직업을 가질 수는 없었지만 개인 지도 교사 일은 시작할 수 있었어요. 1903년에는 스위스 베른에 있는 **특허청**에 취직했어요. 그는 일을 마치고 집으로 돌아오면 물질, 중력, 우주, 시간, 빛에 대한 자신만의 이론을 발전시켰답니다.

아인슈타인은 **분자**의 크기와 입자가 어떻게 움직이는지를 계산하는 새로운 방법을 발견했어요. 1905년 현대 물리학의 방향을 바꾼 네 편의 논문도 발표했어요. 아마도 가장 중요한 논문은 중력이 어떻게 공간을 휘게 하는지를 설명한 상대성 이론일 거예요. 또 유명한 방정식 $e = mc^2$을 만들어 냈지요. 이것은 에너지(e)는 질량(m)과 빛의 속도(c)를 제곱한 (두 번 곱한) 값의 곱과 같다는 것을 의미해요. 다시 말해 질량은 에너지로 환원될 수 있으며 그 반대로도 가능하다는 것을 보여 주지요. 이 이론은 훗날 태양과 다른 별들의 에너지원을 설명하는 데 도움을 주었어요.

아인슈타인의 연구는 제1차 세계 대전(1914-1918)으로 중단되었어요. 그는 평화주의자로 전쟁을 반대했지요. 1921년에는 노벨 물리학상을 받았고, 전 세계를 돌아다니며 강연을 했어요. 독일에서 나치당이 집권했을 때는 유대인이라는 이유로 비판을 받기도 했답니다. 독일에서 유대인이 지내기가 더욱 위험해지자 결국 1933년 미국으로 망명해 프린스턴 대학에서 강의했어요. 1930년대 말에는 과학자들이 $e = mc^2$ 의 공식으로 핵폭탄 제조가 가능하다는 아이디어를 연구하기 시작했어요. 제2차 세계 대전의 끝 무렵 일본에 핵폭탄이 투하되었어요. 그 뒤 아인슈타인은 핵기술 확산을 통제하는 기구인 원자력 과학자 비상 위원회를 구성했어요. 아인슈타인은 1955년 76세의 나이로 죽음에 이르기까지 열, 중력 및 상대성에 관한 연구를 계속했어요. 그의 연구는 물리학과 수학의 현재와 미래를 바꾸어 놓았답니다.

메리 카트라이트 (MARY CARTWRIGHT)
1900-1998년, 영국

데임 메리 루시 카트라이트(Dame Mary Lucy Cartwright)는 위대한 일을 할 운명을 지닌 영국의 수학자였어요. 1919년 카트라이트가 대학에 들어갔을 때, 옥스퍼드 대학에서 수학을 전공하는 여학생은 단 5명뿐이었어요. 카트라이트는 그중 한 명이었고요. 다행스럽게도 시대는 바뀌었지요.

카트라이트는 1923년 수석으로 졸업했어요. 그 뒤 교사로 일하다가 박사 학위를 받기 위해 옥스퍼드로 돌아왔지요.

카트라이트는 영국의 국립 과학 아카데미, 왕립학회에 선출된 최초의 여류 수학자였어요. 그뿐만 아니라 케임브리지에 있는 거튼 대학의 여성 학장이 되었어요.

그녀는 혼돈이론의 선구자였답니다. 이 수학적 이론에 의하면, 초기에 발생한 작은 변화가 시간이 흐름에 따라 엄청나게 큰 변화를 일으킬 수 있다고 해요.
며칠 동안의 날씨를 예측한다는 것이 힘든 이유이기도 하지요. 슈퍼컴퓨터를 사용한다 해도 말이에요. 기상 조건의 작은 변화는 예측된 날씨 패턴에 커다란 변화를 줄 수 있어요.

제2차 세계 대전 동안 카트라이트는 영국 과학 산업 연구부와 협업했어요. 그녀는 수학적 이론 지식을 통해 레이더 과학자들이 문제를 해결하는 데 도움을 주었어요. 레이더는 전파라는 에너지를 사용하는데, 사물에 반사된 전파로부터 사물의 위치를 파악할 수 있었어요.

그녀는 《수학적 사고(The Mathematical Mind)》라는 책을 남기고 97세의 나이로 세상을 떠났어요. 그녀는 여성도 훌륭한 수학자가 될 수 있다는 인식을 심어 주었어요. 여성을 위한 유산을 남겨 준 것이지요.

앨런 튜링(ALAN TURING)
1912-1954년, 영국

앨런 튜링은 뛰어난 수학자였어요. 그의 재능은 여러 곳에 쓰였어요. 암호 해독을 통해 제2차 세계 대전을 단축시켰고, 최초의 프로그램 내장형 컴퓨터 중 하나인 자동 컴퓨팅 엔진을 설계하기도 했어요.

그는 제2차 세계 대전 동안 영국 블레츨리 파크에 있는 정부암호학교에서 근무했어요. 에니그마 기계를 이용해서 독일의 암호 체계를 해독하는 작업을 했지요. 또 이 기계는 메시지를 암호화된 형태로 전송해 보안을 유지했어요. 적군이 쉽게 해독할 수 없도록 말이에요. 이런 작업으로 세계 대전 기간을 2년 정도 단축했으며 1,400만 명의 생명을 구한 것으로 평가받아요.

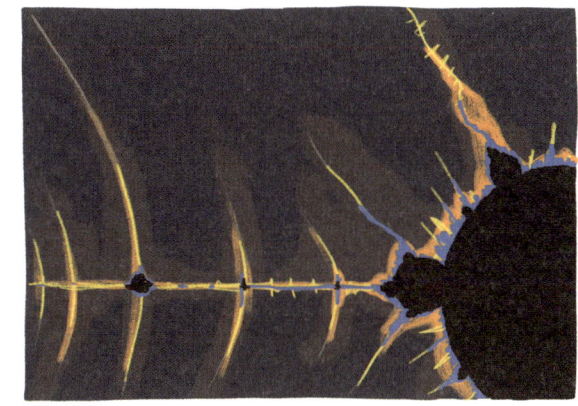

전쟁이 끝난 다음에도 튜링은 연구를 이어 갔어요. 국립 물리 연구소에서 근무하며 자동 컴퓨팅 엔진이라는 것을 설계했답니다. 1948년, 그는 맨체스터 대학의 컴퓨터 기계 연구소에 합류했어요. 튜링은 이러한 연구로 인공지능(AI) 개발의 창시자 중 한 사람이 되었어요. 그가 개발한 튜링 테스트는 컴퓨터 프로그램이 인간처럼 사고할 수 있는지 평가하는 방법론이랍니다.

타고난 재능을 가진 튜링이었지만 그는 1952년 파국을 맞고 말았어요. 다른 남자와 교제를 했다는 이유로 말이에요. 이러한 동성애는 1967년까지는 영국에서 불법이었거든요. 앨런 튜링은 1954년, 42번째 생일을 16일 앞두고 스스로 목숨을 끊었어요. 2009년 고든 브라운 영국 총리는 튜링이 받았던 대우에 대하여 공식적으로 사과했어요. 그리고 2013년 영국 여왕 엘리자베스 2세는 그를 공식 사면한다고 발표했어요.

오늘날 튜링 트러스트 재단은 튜링의 수학과 컴퓨팅 분야에 대한 공헌을 기리고 있어요. 또 컴퓨터가 없는 지역 사회에 컴퓨터를 보급하여 튜링의 유산을 보존하기 위해 노력하고 있지요.

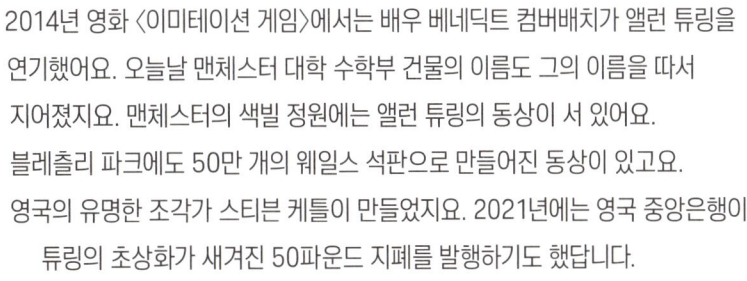

앨런 튜링이 떠난 지 수년이 지났지만 그는 여전히 기억되고 있어요. 2014년 영화 〈이미테이션 게임〉에서는 배우 베네딕트 컴버배치가 앨런 튜링을 연기했어요. 오늘날 맨체스터 대학 수학부 건물의 이름도 그의 이름을 따서 지어졌지요. 맨체스터의 색빌 정원에는 앨런 튜링의 동상이 서 있어요. 블레츨리 파크에도 50만 개의 웨일스 석판으로 만들어진 동상이 있고요. 영국의 유명한 조각가 스티븐 케틀이 만들었지요. 2021년에는 영국 중앙은행이 튜링의 초상화가 새겨진 50파운드 지폐를 발행하기도 했답니다.

마조리 리 브라운 (MARJORIE LEE BROWNE)
1914-1979년, 미국

마조리 리 브라운은 1914년에 미국 테네시에서 태어났어요. 당시 미국의 학교는 인종에 따라 분리해서 운영되었어요. 그래서 그녀는 흑인 학교인 르모인 고등학교에 다녔지요. 1935년에 졸업한 후에는 워싱턴에 있는 하워드 대학교에 다니게 되었어요.

브라운은 뉴올리언스로 이사해서 교사로 일했지만 지친 그녀는 1년 뒤 미시간 대학교에 다니기 위해 앤아버로 떠났지요. 그리고 1939년에 석사 학위를, 1949년에는 박사 학위를 받았답니다. 아프리카계 미국인 여성으로서는 세 번째로 박사 학위를 받은 것이었답니다.

그해 말 브라운은 노스캐롤라이나 전문 학교에서 학생들을 가르치기 시작했고 30년 동안 그곳에 머물렀어요. 처음 25년 동안 그녀는 수학 학부에서 수학으로 박사 학위를 보유한 유일한 사람이었지요.

1960년 브라운은 IBM에서 6만 달러를 지원받아 컴퓨터 센터를 설립했어요. 정말 놀라운 성과였지요. 학교 환경에서 처음으로 컴퓨터를 사용한 사례 중 하나였고, 아프리카계 미국인 학교에서도 최초의 일이었거든요.

브라운은 평생에 걸쳐 수많은 상을 받았어요. 또한 여성 연구회와 미국 수학협회에서 활동했으며, 미국 국립 과학 재단의 자문 위원이 된 최초의 아프리카계 미국인 여성이었어요. 나아가 수학 영재를 지원하고 경제적 도움을 주는 등 평생 많은 일을 했답니다.

캐서린 존슨 (KATHERINE JOHNSON)
1918-2020년, 미국

캐서린 존슨은 1918년 미국 버지니아에서 태어났어요. 그녀는 형제자매들과 함께 집에서 멀리 떨어진 학교에 다녔어요. 당시에는 아프리카계 미국인 학생들을 위한 지역 중등학교가 없었기 때문이지요. 인종에 따라 학교가 분리되어 있었고, 백인과 흑인은 서로 다른 학교에 다녔어요.

그녀는 매우 총명해서 14세의 나이에 웨스트 버지니아 주립 대학에 입학해 수학을 공부했어요. 1937년 졸업한 뒤에는 2년간 교사로 일했고요. 1939년에는 웨스트 버지니아 대학에 입학할 수 있게 뽑혔고, 최초의 아프리카계 미국인 학생이 되었어요. 하지만 결혼하느라 학교를 떠났답니다. 그리고 13년 동안 가족을 돌보았어요. 1940년대에는 여성들은 대부분 집 밖에서 일하기보다는 집에 머물면서 아이들을 돌봐야 했거든요. 아이들이 자라자 존슨은 학교로 돌아가 학생들을 가르쳤어요.

1952년에는 랭글리 항공 우주 연구소에서 일을 시작했어요. 모두 아프리카계 미국 여성으로 구성된 부서에서 일했는데, 미국 최초의 인간 우주 비행 프로그램인 프로젝트 머큐리에 참여하게 되었어요. 1969년 그녀의 여러 가지 계산 결과는 달에 최초로 인간을 착륙시킨 아폴로 11호의 임무를 성공으로 이끌었어요.

그냥 궁금해요

영화로 제작되기도 한 책인 《히든 피겨스》는 캐서린 존슨을 세계적으로 유명하게 만들었어요. 아프리카계 미국인 여성으로서 수학과 우주 연구 분야에서 일구어 낸 선구적 업적에 관한 질문을 받았을 때 그녀는 "나는 내 일을 했을 뿐이에요."라고 답했답니다.

존 호턴 콘웨이 (JOHN HORTON CONWAY)
1937-2020년, 영국

존 콘웨이는 열한 살이 되었을 때, 자신이 수학자가 되고 싶다는 것을 알았답니다. 수줍음이 많았던 10대였지만 수학을 공부하기 위해 케임브리지 대학에 다니는 동안은 좀 더 외향적이 되려고 노력했지요. 그래서 열렬한 게이머가 되었어요. 하지만 결국에는 '세계에서 가장 카리스마 있는 수학자'가 되었지요. 물론 게이머가 되었더라도 틀림없이 잘했겠지만 말이에요.

왕립학회의 전 회장을 지낸 마이클 아티야 경은 콘웨이를 '세계에서 가장 마력이 있는 수학자'라고 말할 정도였어요.

콘웨이는 1959년 대학을 졸업하고 정수론 연구를 시작했어요. 1964년에 박사 학위를 받았고 케임브리지 대학에서 강의했지요. 그는 수학과 코딩 분야에서 큰 공헌을 했답니다. 그의 첫 번째 실험은 펜과 종이를 가지고 한 것이었어요. 하지만 지금은 그의 시스템을 사용하는 컴퓨터 프로그램이 수백 개나 되지요. 콘웨이는 1981년에 '자연 지식 향상을 위한' 왕립학회의 회원이 되었어요. 1986년에는 프린스턴 대학에서 강의를 하기 위해 미국으로 건너갔고요. 그는 어린이와 10대를 위해 시간을 내는 데 관대했고, 많은 여름을 아이들을 위한 수학 캠프에서 가르치며 보냈어요.

콘웨이는 양면 서류 뭉치에서 정보를 읽어 내는 가장 좋은 방법 같은 특이한 알고리즘을 많이 발명했어요. 가르치는 일도 무척 좋아했지요. 자신의 아이디어를 재미있게 설명하기 위해서 카드 팩, 주사위, 밧줄, 슬링키(용수철로 만든) 장난감 같은 온갖 것들을 가지고 다녔답니다.

안타깝게도 그는 코로나19에 걸려 그 합병증으로 2020년 4월 세상을 떠나고 말았어요.

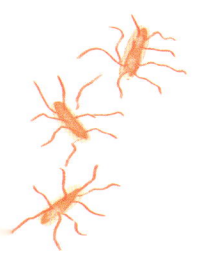 

펀 이벳 헌트 (FERN YVETTE HUNT)
1948년-현재, 미국

펀 헌트는 응용 수학(생물학, 의학, 산업 등 다양한 분야에서 사용되는 수학) 분야에서의 여러 연구 업적으로 잘 알려진 미국의 수학자예요. 박테리아 같은 작은 미생물의 패턴을 관찰하면서 생물 수학 분야 연구도 했고요.

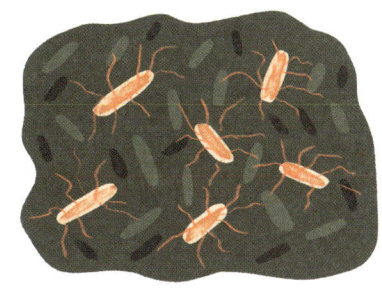

헌트는 1948년 미국 뉴욕에서 태어났어요. 매우 총명한 아이였는데, 아홉 살 때 크리스마스 선물로 화학 실험 세트를 받았다고 해요. 이것은 그녀가 과학에 관심을 갖는 계기가 되었어요. 선생님은 헌트가 더 많은 것을 할 수 있도록 격려해 주었다고 해요. 그녀는 브린 모어 대학교에 다녔고 1969년에 졸업했어요. 그리고 뉴욕 대학교의 쿠란트 수학 연구소에서 석사 학위와 박사 학위를 받았답니다.

헌트는 유타 대학에서 강의했고, 그 뒤 워싱턴의 하워드 대학교로 옮겨 와 연구를 이어 나갔어요. 그녀는 평생 전문학교와 대학교에서 강의하면서 학생들이 수학자가 될 수 있도록 격려해 주었어요. 아프리카계 미국인 여성 수학자로서 자신의 경험으로 다른 사람들에게 영감을 불어넣어 준 거예요.

2019년 헌트는 미국 수학협회의 펠로우십을 수상했어요. 또 2020년에는 미국 여성 수학인 협회의 펠로우십도 수상했고요. 지금 그녀는 국립 표준 기술 연구소에서 연구 수학자로 활동하고 있답니다.

마리암 미르자하니 (MARYAM MIRZAKHANI)
1977-2017년, 이란

이란의 수학자 마리암 미르자하니는 쌍소 기하학의 전문가였어요. 바닥에 거대한 캔버스를 펼쳐 놓고 자신의 아이디어를 스케치하기도 했지요. 그녀가 전공한 수학 분야는 상당히 복잡해서 'SF 수학'으로 불렸어요. 해법이 없는 것처럼 보였던 문제를 풀었고, 구와 도넛 등 휘어진 3차원 도형에 관한 수학적 해석을 재구성했어요.

미르자하니는 10대 때 고등학생 국제 수학 올림피아드에서 1994년과 1995년 금메달을 땄어요. 그리고 테헤란에서 샤리프 공과 대학에 다녔으며 1999년 수학 학사 학위를 받았어요. 미국으로 떠난 그녀는 하버드 대학에서 박사 과정을 이어 갔답니다. 2004년에서 2008년까지 프린스턴 대학교에서 강의했고 2008년에 스탠퍼드 대학교 교수가 되었어요. 또한 평생 많은 상을 받았지요. 2005년 에는 <파퓰러 사이언스 (Popular Science)>라는 잡지에서 '탁월한 10인'으로 선정되어 세계 최고의 청년 정신 소유자에 이름을 올렸어요.

2014년 미르자하니는 수학 분야 최고의 영예인 필즈 메달을 받은 최초의 여성 수학자가 되었답니다. 하지만 안타깝게도 2017년 40세의 젊은 나이에 유방암으로 세상을 떠났어요. 세계는 그 위대한 정신을 잃고 말았지요. 국제 과학 위원회는 마리암 미르자하니의 생일인 5월 12일을 국제 여성 수학자의 날로 지정했어요. 또 2020년에는 STEM에서 주관하는 국제 여성의 날에 미르자하니를 세계를 선도한 7인의 여성 과학자 중 한 명으로 선정했답니다.

테렌스 타오 (TERENCE TAO)
1975년-현재, 오스트레일리아

타오는 **신동**이었어요. 8세에 대학 수능 시험에서 800점 만점에 760점을 받았지요. 9세에는 플린더스 대학교에서 수학 공부를 시작했어요. 1998년 12세 때는 국제 수학 올림피아드에서 금메달을 땄고요.

타오는 16세에 플린더스 대학교에서 과학 학위를 받았어요. 17세에는 석사 학위를 받았답니다. 1992년에는 풀브라이트 장학금을 받고 미국 프린스턴 대학교에서 연구하게 되었어요. 21세의 나이로 박사 학위를 받았고, 1996년에는 UCLA(미국 최고의 공립대학)에서 강의를 시작했어요. 24세에 정교수가 되었는데, 이 지위에 오른 최연소 교수였지요. 2006년 그는 수학에서의 탁월성을 인정받아 필즈상을 받았고, 2014년에는 수학 혁신상을 받았어요.

응용 수학 분야에서 타오의 연구는 사람의 생명을 구할 수 있는 더욱 빠른 자기공명영상(MRI) 기술에 도움을 주었어요. 그의 계산법은 다른 은하를 발견하는 데에도 사용되었답니다. 그는 오늘날 세계에서 가장 높이 평가받는 수학자 중 한 사람이에요.

용어 풀이

강수(강수량): 비, 눈, 진눈깨비, 우박 등의 형태로 내리는 물, 또는 내리는 양

곱: 두 숫자를 곱해서 얻는 값

관측소: 지구나 우주 공간에 있는 자연의 대상물이나 현상들을 관측하는 장소. 주로 우주 공간만을 관측하는 경우는 천문대라고 한다.

궤도: 어떤 천체가 행성, 별 또는 달의 둘레를 돌아가는 경로

그래프: 정보를 시각적 형태로 나타내는 데 사용되는 도표

기온: 얼마나 더운지, 추운지 나타내는 것

기하학: 도형과 그 성질(면, 꼭짓점, 모서리 등과 같은)을 연구하는 학문

길이: 어떤 것의 한쪽 끝에서 다른 쪽까지의 거리나 긴 정도를 측정한 값

꼭짓점: 도형에서 변이 만나는 점

다각형: 직선, 각, 점(꼭짓점)으로 이루어진 2차원 도형

다면체: 평평한 면과 평평한 모서리를 갖는 3차원 도형

대수학: 미지수(주로 문자를 사용해서 표현)와 숫자를 사용해서 공식을 만들어 내는 것

대칭: 어떤 물체나 도형에 있어서 대칭은 대칭선을 사이에 둔 양쪽이 서로 반사된 모양을 이루는 경우를 말하며, 대칭선은 1개 또는 여러 개가 있을 수 있다.(회전 대칭 및 반사 대칭도 참고)

레이저: 강력하고 폭이 좁은 빛을 방출하는 장치로, 측정하거나 물체를 자르거나 의료 수술 등에 사용된다.

마이크로칩: 전자 회로를 싣고 있는 실리콘의 작은 조각. 컴퓨터나 기타 전자 기기에 사용된다.

면적: 어떤 표면이 차지하는 크기. 제곱인치(in^2)나 제곱센티미터(cm^2) 단위로 측정될 수 있음.

무게: 어떤 것이 얼마나 무거운지 나타내는 것

반사(거울) 대칭: 어떤 도형이나 물체를 선을 그어 절반으로 나눌 수 있고, 나누어진 두 개의 반쪽이 서로 정확히 일치하는 경우

반지름: 원의 중심점에서 원의 둘레 위의 한 점에 이르는 거리

방정식(등식): 양쪽이 같음을 나타내는 부호인 등호(=)를 포함하는 관계식

부피: 물체가 차지하는 공간의 크기

분자: 어떤 물질을 이루는 최소 단위로서 그 물질의 특성을 온전히 가지고 있는 것

비(비율): 같은 종류의 두 값에 대한 비교

사변형: 네 개의 변과 네 개의 각을 가지는 다각형의 한 종류

산술: 덧셈, 뺄셈, 곱셈, 나눗셈을 수행하는 것

삼각법: 삼각형의 각도와 변 사이의 관계를 연구하는 것

삼각 측량(지진): 과학자들이 지진의 진앙(진원지)을 찾기 위해 지진파가 세 관측점에 도달할 때 지도에 원을 그리는 것. 세 원이 교차하는 점이 진앙이다.

서버: 다른 여러 컴퓨터에 데이터나 프로그램을 공급하는 컴퓨터 또는 시스템

소프트웨어: 컴퓨터에 탑재된 운영 체제 및 프로그램

슈퍼컴퓨터: 거대한 저장 용량을 갖고 빠른 속도로 연산이 가능한 컴퓨터

시뮬레이션(컴퓨터): 어떤 일이 실제로 일어나지 않아도 그것이 발생한 상황을 볼 수 있는 방법. 어떤 일이 일어날지 예측하는 데 사용된다.

신동(영재): 음악, 과학, 수학 및 학문 분야나 예술 분야에서 성인 수준의 놀라운 재능을 가진 10세 이하 어린이를 부르는 말

알고리즘: 어떤 해답을 찾기 위한 수학적 과정을 설정하는 방법

암호화: 해독하기 어렵게 만드는 것

연산: 문제를 풀어 나가는 수학적 과정

원주: 원의 둘레의 길이

원호: 원주(원둘레)의 한 부분

유한: 셀 수 있다는(끝이 있다는) 의미

윤년: 366일을 가지며 4년마다 나타나는 해. 지구가 태양을 한 바퀴 공전하는 데 365.256일이 걸리므로 매년 손실되는 시간(1년이 365일 지속된다고 말할 때)을 모아 4년마다 하루(2월 29일)를 늘리게 된다.

인공지능(AI): 스스로 생각하고 학습할 수 있는 컴퓨터 프로그램

인수(약수): 어떤 수를 나누어떨어지게 하는 정수. 인수는 다른 인수와 곱해져서 또 다른 인수를 만들 수 있다.

재생 에너지: 풍력, 수력과 같이 무한히 사용할 수 있는 자원에서 만들어지는 무한한 에너지

정수론: 숫자의 종류를 구분하고 어떤 속성이 있는지 설명하는 이론과 학문

주파수: 전자기파(라디오파와 같은)는 그 주파수에 따라 분류된다.

중력: 물체가 서로 잡아당기는 힘

지름(원의 지름): 원의 중심을 지나며 원주 위에 있는 두 점을 잇는 선분의 길이

지진파: 땅을 관통해 전파되는 지진의 충격파

지표수: 바다나 호수와 같은 곳으로 모이게 되는 지표면의 물

지형: 산과 같은 지리적 모양

직육면체: 3차원(입체) 도형. 대부분의 상자는 직육면체이다. 6개의 직사각형 면으로 구성되고 모든 각도가 직각이다.

질량: 물체를 이루는 물질의 양

축: 실제 또는 가상의 참조 선으로, 그래프에는 수평축과 수직축이 있다. 대칭축(반사 대칭)은 대상을 똑같은 절반으로 나눈다.

축척(지도의 축척): 지도상에서의 거리와 지표면에서의 실제 거리와의 비율

컴퓨터 칩: 전자 부품을 내장한 작은 실리콘 조각. 컴퓨터가 연산을 수행하거나, 명령어를 해석하고 실행할 수 있도록 한다.

타원: 납작해진 원 모양의 2차원 도형

태양력: 지구가 태양 주위를 한 바퀴 도는 데 걸리는 기간을 1년으로 정한 역법

태음력: 달의 위상이 변하는 주기를 기준으로 한 달을 정한 역법

테셀레이션: 서로 빈틈없이 딱 들어맞는 2차원 도형들의 패턴

특허: 발명가에게 주는 법적 권리 문서. 타인이 발명가가 고안한 내용을 사용하지 못하도록 막는 권리이다.

파이(π): 원주를 원의 지름으로 나눈 값을 말할 때 사용하는 용어

평행: 두 선이 평행하다고 한다면, 두 선은 같은 거리로 떨어져 있고 서로 만나지 않는다.

프랙털: 다른 크기로 반복되는 패턴. 그러나 전혀 무작위적이지 않고, 다른 배율로 반복되는 단일한 기하학적 패턴

프로그램: 어떤 일이나 일련의 작업을 컴퓨터가 수행할 수 있도록 만들어진 명령어와 지시어의 집합

프로토타입: 발명가가 자신의 아이디어를 테스트하기 위해 만든 시제품

피보나치수열: 일련의 숫자. 이 수열에서 다음 숫자는 바로 앞에 있는 두 수의 합으로 구해진다.

함수: 함수는 입력값, 규칙, 출력값으로 구성되며 출력값은 항상 입력값에 연관되어 있다. 간단한 함수로서 '3을 곱한다'의 경우, 입력값 2가 주어지면 출력값은 6이 된다.

현: 원주 위의 두 점을 연결한 직선

화석 연료: 선사 시대 이전의 식물과 동물이 매장되고 압축된 물질로부터 자연스럽게 만들어진 석유, 석탄, 가스와 같은 연료

확률: 어떤 것이 발생할 가능성

황금비: 값이 대략 1.618인 특별한 수. 1.618:1의 비율은 아름다운 모양을 만든다.

회로 기판: 전자 부품을 함께 연결하는 고정 장치

회전 대칭: 어떤 도형을 그 중심점을 중심으로 회전시켰을 때 원래 도형의 모양과 한 번 이상 정확히 일치하는 경우

힘: 물체를 움직이고 물체의 방향이나 속도, 형태를 변하게 하는 밀거나 당기는 작용

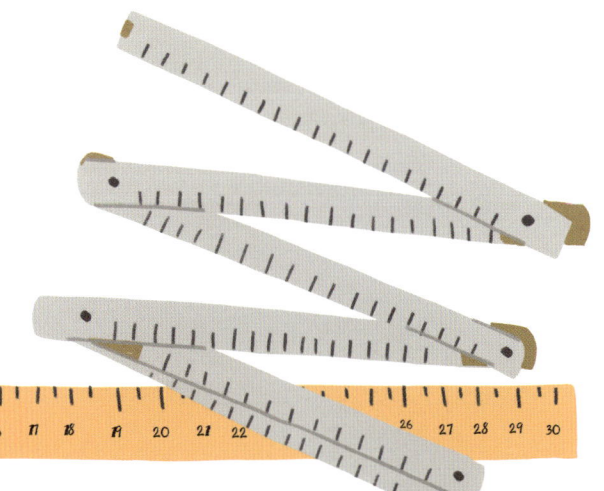

찾아보기

각도 62-63
게오르크 칸토어 118
곡선 52-53
곱 46-47
기하학 7
기후 변화 98-99
길이와 거리 74-75
다각형 50-51
다면체 51
단위수 12-13
달력 84-85
대수학 7
대칭 64-65
데이터 42-45, 97, 99
데카르트 29
도형 48-67
동물과 숫자 감각 36-37
레오나르도 다빈치 33
레온하르트 오일러 116
로마 숫자 8-9, 30
마리암 미르자하니 126
마조리 리 브라운 122
메리 카트라이트 120
면적 78-79
무게(중량) 76-77
무한대 24-25, 56, 118
미터법 73, 75, 77, 81
반지름 54, 55
부피 80-81
분모 22
분수 22-23
분자 22
브누아 망델브로 35
브라마굽타 26
비라한카 30

비표준 측정 70-71
비행 104-105
사변형 58-59
산술 7
삼각법 7
삼각형 60-61
소수(decimal) 22-23
소수(prime number) 18-19
수술 94-95
수학과 과학 88-107
수학의 정의 6
시간 82-83
시간표 86-87
아리스토텔레스 24
아이작 뉴턴 115
알베르트 아인슈타인 107, 119
알-콰리즈미 9, 11, 112
앨런 튜링 121
양의 정수 13
엄청나게 큰 수 40-41
영(숫자 영) 10-11
오마르 하이얌 113
우주와 수학 41, 57, 89, 106-107
원주 54, 55
웜홀 106-107
유명한 수학자들 108-127
음수 26-27
의학과 수학 34, 89, 90-95
인도-아라비아 숫자 9
인수 20-21, 47
일기 예보 96-97
잉글랜드 단위계 73, 74

전염병 92-93
존 호턴 콘웨이 124
지롤라모 카르다노 114
지름(직경) 55
지진 100-101
직육면체 58-59, 80
짝수 14-15
측정 68-87
카를 가우스 117
캐서린 존슨 123
컴퓨터 102-103
큰 수 38-39
탤리스틱 8, 13
테렌스 타오 127
테셀레이션 66-67
통계 44-45
파이(π) 56-57
펀 이벳 헌트 125
표준 측정 72-73
프랙털 29, 34-35
피보나치 11
피보나치수열 29, 30-31, 33
피타고라스 29, 110
현 55
홀수 16-17
확률 44
황금비 29, 32-33
히파티아 111

초판 1쇄 발행   2022년 11월 10일

글쓴이   린 허긴스 쿠퍼
그린이   알렉스 포스터
옮긴이   이창희

펴낸이   이혜경
펴낸곳   니케북스
출판등록   2014. 04. 7 | 제 300-2014-102호
주소   서울시 종로구 새문안로 92 광화문 오피시아 1717호
전화   (02)735-9515 | 팩스 (02)6499-9518
전자우편   nikebooks@naver.com
블로그   nikebooks.co.kr
페이스북   www.facebook.com/nikebooks
인스타그램   www.instagram.com/nike_books

ISBN 978-89-98062-53-8 74400
      978-89-98062-45-3 (세트)

니케주니어는 니케북스의 아동·청소년 브랜드입니다.

책값은 뒤표지에 있습니다.
잘못된 책은 구입한 서점에서 바꿔 드립니다.

어린이제품 안전특별법에 의한 표시사항

제조자명 니케북스 **제조국** 대한민국 **사용연령** 8~13세 **제조년월** 판권에 별도 표기
주소 서울시 종로구 새문안로 92 광화문 오피시아 1717호 **연락처** 02-735-9515
 주의사항 책 모서리나 종이에 긁히거나 베이지 않게 조심하세요.